高校法学专业核心课程配套自测

国际经济法习题集

主　编　张丽英
撰稿人　张丽英　杨　帆
　　　　范晓波　祁　欢

法律出版社

图书在版编目(CIP)数据

国际经济法习题集/张丽英主编 .—北京:法律出版社,
2007.7(2008.3 重印)
(高校法学专业核心课程配套自测)
ISBN 978 - 7 - 5036 - 7472 - 3

Ⅰ.国… Ⅱ.张… Ⅲ.国际经济法—高等学校—习题
Ⅳ.D996 - 44

中国版本图书馆 CIP 数据核字(2007)第 087914 号

ⓒ法律出版社·中国

责任编辑/赵明霞   **装帧设计**/李 瞻

出版/法律出版社   **编辑统筹**/法律考试出版分社
总发行/中国法律图书有限公司   **经销**/新华书店
印刷/北京北苑印刷有限责任公司   **责任印制**/沙 磊

开本/787×1092 毫米 1/16   **印张**/8.75 **字数**/210 千
版本/2007 年 6 月第 1 版   **印次**/2008 年 3 月第 2 次印刷

法律出版社/北京市丰台区莲花池西里 7 号(100073)
电子邮件/info@lawpress.com.cn   **销售热线**/010 - 63939792/9779
网址/www.lawpress.com.cn   **咨询电话**/010 - 63939796

中国法律图书有限公司/北京市丰台区莲花池西里 7 号(100073)
全国各地中法图分、子公司电话:
第一法律书店/010 - 63939781/9782 西安分公司/029 - 85388843 重庆公司/023 - 65382816/2908
上海公司/021 - 62071010/1636   北京分公司/010 - 62534456
深圳公司/0755 - 83072995   苏州公司/0512 - 65193110

书号:ISBN 978 - 7 - 5036 - 7472 - 3   **定价**:18.00 元

出 版 说 明

　　为丰富和储备法律专业知识、拓展法律思维的深度和广度、提升法学应试能力,我社邀请了诸多有教学经验的专家、学者为各高等院校(系)的学生和其他渴望学习法律的研习者策划编写了这套自测丛书。

　　本丛书以现行有效的法律法规为依据,主要参考教育部高等学校法学学科教学指导委员会组编的"面向 21 世纪课程教材——全国高等学校法学专业核心课程教材"的内容和体例,同时吸收其他法学教材的精华。全套丛书依教育部确定的高校法学专业核心课程的学科及分类要求,分为法理学、中国法制史、宪法、行政法与行政诉讼法、民法、商法、知识产权法、经济法、民事诉讼法、刑法、刑事诉讼法、国际法、国际私法、国际经济法,共 14 本。

　　这套丛书希望达到以下目的:

　　1. 帮助学生系统掌握本科知识。本丛书针对高校法学教育以素质教育为主的特点,并结合应试需要编设习题,习题系统全面,题量充足,能覆盖各学科重要知识点。

　　2. 帮助学生通过国家司法考试。本丛书附加了历年国家司法考试真题及参考答案,帮助学生了解司法考试的难度、角度和形式,进行有针对性的练习。

　　3. 帮助学生准备考研。从一些法学名校历年考研试题中精选了部分试题,帮助学生了解及自测。

　　由于时间仓促,本书疏漏或不当之处,敬请广大读者批评指正。

法律出版社
2007 年 7 月

目　　录

第一章　导　　论

一、不定项选择题

1.下列哪项在我国不属于国际经济法的渊源?（　）

A.国际条约

B.国际商业惯例

C.联大规范性决议

D.国内判例

2.下列哪项不是国际经济法的渊源?（　）

A.1980年《联合国国际货物买卖合同公约》

B.中国交通安全法规

C.2000年《国际贸易术语解释通则》

D.《中华人民共和国海商法》

3.下列哪项是跨国公司的概念?（　）

A.由母公司持有全部或多数股份的企业

B.由分设在两个或两个以上国家的实体组成的企业

C.总公司在国外设立的办事及营业机构

D.由分设在一国不同地区的实体组成的企业

4.1948年的"美国铝公司"一案,在该案中,法国、瑞士、英国和加拿大的铝生产商在美国国外签订了一个国际卡特尔协议,分配铝的生产限额,影响到美国的商业。美国铝公司并未直接参与该卡特尔协议,但美国依据下列哪个原则对该案行使管辖权?（　）

A.效果原则

B.属地管辖原则

C.属人管辖原则

D.单一实体原则

5.关于广义的国际经济法主体,下列选项哪些是不正确的?（　）

A.其主体只包括国家和国际经济组织

B.其主体只包括法人、国家和国际经济组织

C.其主体包括自然人、法人、国家和国际经济组织

D.其主体只包括自然人和法人

6.下列哪些属于国际经济法的渊源?（　）

A.国际经济条约

B.国际习惯

C.一国调整涉外经济关系的法律规范文件

D.联合国大会的规范性决议

7.国际经济法的调整范围包括下列哪几项?（　）

A.国际贸易的法律规范与制度

B.国际税收的法律与制度

C.有关人权问题的法律与制度

D.国际投资的法律与制度

8.下列哪些属于国际商业惯例?（　）

A.《华沙—牛津规则》

B.《约克—安特卫普规则》

C.《联合国国际货物销售合同公约》

D.《托收统一规则》

9.下列哪些是广义的国际经济法所调整的关系?（　　）

A.中国甲公司与中国乙公司的货物买卖合同

B.营业地位于甲国的 A 公司与营业地位于中国的 B 公司之间的贸易关系

C.西班牙人 A 与中国人 B 之间的婚姻关系

D.甲国家与乙国家间的双边投资保护协定

10.下列哪些属于国际经济法的调整对象?（　　）

A.一国外贸管理机关对本国外贸公司的管理关系

B.跨国银行的法律管制

C.东道国和跨国银行的母国对跨国银行海外分支机构的设立及经营活动的法律管制

D.跨国税收关系

11.关于跨国公司母公司对子公司的债务责任,下列哪些选项属于"有限责任原则"主张的观点?（　　）

A.在内部关系上,股东的责任仅以出资额为限

B.母公司应对其全部所有或受其控制的子公司的债务负责任

C.对外以公司的全部资产承担责任

D.对外以其出资额承担责任

二、名词解释

1.国际经济法
2.国际商业惯例
3.跨国公司
4.整体责任说
5.世界银行集团

三、简答题

1.简述国际经济法的调整对象。
2.简述国际经济法的范围。
3.简述国际经济法的特征。
4.简述国际经济法的渊源。

四、论述题

1.试论国际经济法与国际公法及国际私法的联系与区别。
2.试论国际经济法的基本原则。

参 考 答 案

一、不定项选择题

1. D　　　2. B　　　3. B
4. A　　　5. ABD　　6. ACD
7. ABD　　8. ABD　　9. BD
10. ABCD　11. AC

二、名词解释

1.国际经济法是调整国家、国际组织、不同国家的法人与个人间经济关系的国际法规范的和国内法规的总称。

2.国际商业惯例是在国际商业交往中逐渐形成的不成文的原则和规则。一般认为,构成国际商业惯例须具备两个因素,一是物质的因素,即有重复的类似行为;二是心理因素,即人们认为有法律拘束力。

3.跨国公司是指由分设在两个或两个以上国家的实体组成的企业。

4.于跨国公司母公司对其子公司的债务责任的观点之一,主张母公司应对其全部所有或受其控制的子公司的债务负责任。

5.世界银行集团是由国际复兴开发银行、国际金融公司和国际开发协会这三个国际金融组织组成的。国际复兴开发银行又称世界银行,是依 1944 年布雷顿森林会议签订的《国际复兴开发银行协定》,于 1945 年成立的。世界银行集团的宗旨是经提供贷款和投资等方式,协助成员国解决战后恢复和发展经济所需的资金,促进其经济发展,提高生产力,改善和提高人民的生活水平。

三、简答题

1.国际经济法调整的是广义的国际经济关系,即个人、法人、国家与国际组织间由于从事跨越国境的经济活动而产生的各种关系。在国际经济关系的范围上有狭义和广义之分,狭义的国际经济关系仅指国家、国际组织间的经济关系,广义的国际经济关系不仅包括上述内容,而且也包括不同国家之间的个人、法人、个人和法人与国家或国际组织之间的经济关系,可称为跨国的经济关系。广义的国际经济关系不仅包括当事人间以等价有偿为基础的横向经济关系,也包括国家对法人及个人的国际经济交易活动进行管理和管制的纵向关系。

2.国际经济法的范围主要指国际经济法应包括哪些基本法律规范。由于学者们对国际经济法调整的对象的认识不同,对其范围也相应地有不同的观点。一般来说,调整国际经济关系的法律包括下列几个方面:其一,调整私人国际经济交往的民商法规范,包括合同法、保险法、海商法等;其二,国家政府管理对外经济交往的法律规范,包括海关法、进出口管制法、反倾销法、反补贴法等;其三,调整国家间经济关系的国际法规范,包括有关的多边条约、双边条约、国际惯例等,如1980年《联合国国际货物销售合同公约》,2000年《国际贸易术语解释通则》等。

3.国际经济法具有下列主要特征:第一,国际经济法的主体不仅包括国家、国际经济组织,也包括不同国家的个人或法人,因为上述主体均为国际经济关系的参加者。第二,国际经济法所调整的对象不仅包括国家与国际组织相互间的经济关系,而且还包括不同国家的个人、法人间以及国家与他国国民间的经济关系。第三,国际经济法的渊源不仅包括经济方面的国际条约和国际惯例,而且也包括国际民间商务惯例和各国国内的涉外经济法规。因此,国际经济法与国际公法、国际私法、国内经济法间具有不同的内涵与外延,具有不同的质的规定性。

4.国际经济法是一个既包括国际法规范,又包含国内法规范的综合的法律部门,其法的渊源也具有双重性,即国际渊源和国内渊源。主要包括下述几项:第一,国际经济条约,国际经济条约是国家、国际组织间所缔结的以国际法为准并确定其相互经济关系中权利和义务的国际经济书面协议,对缔约国具有拘束力,因而是国际经济法的重要渊源。国际经济条约包括双边的和多边的,世界性的和地区性的,普遍性的和特殊性的,造法性的和契约性的。第二,国际商业惯例,国际商业惯例是在长期的国际经济交往中经过反复使用而形成的不成文的规则。为了使不成文的国际商业惯例更便于掌握和查找,一些民间性的国际组织或协会对不成文的惯例进行了整理和编纂。国际商业惯例属于任意性的规范,只有在当事人明示选择适用的情况下才对当事人有约束力。当事人也可以对其选择的商业惯例进行删、减、改和补充。第三,联合国大会的规范性决议,国际组织通过的决议本来只属于建议性质,并不对其成员国产生必须遵守的强制力。但是随着国际实践的发展,理论界已倾向于肯定大会决议的法律拘束力,特别是有些联大决议是旨在宣告国际法原则和规范的,应具有法律效力,且有的决议在国际实践中已逐渐被接受,成为各国在国际经济交往中应遵守的准则。第四,国内立法,各国调整涉外经济关系的国内立法是国际经济法的国内法渊源。各国在调整涉外经济关系的国内立法上主要采用统一制和分流制。前者指所制定的国内经济立法既适用于国内经济关系,又适用于涉外经济关系。后者指分别制定不同的法律以调整涉内及涉外经济关系。此外,国内判例在普通法国家是重要的国际经济法的国内法渊源,但判例在我国不属于法律的渊源。

四、论述题

1.国际经济法与国际公法的联系表现在多方面,例如国际经济法中的国家对自然资源的永久主权原则是国家主权原则在国际经济关系中的体现,国际经济法与国际公法在渊源上是相互交叉的等等。两者的区别主要表现在:(1)在主体上,国际经济法的主体包括自然人、法人、国家和国际经济组织。而国际公法的主体主要为国家和国际组织,自然人和法人则不能成为国际公法的主体。(2)在法律渊源上,国际经济法的渊源包括国际经济条约、国际商业惯例、联合国大会的决议和国内立法等。而国际公法的渊源则主要是国际条约和国际习惯,这里的国际习惯与国际商业惯例不同,前者源于国家间的政治和外交活动,而非产生于商人的商业习惯。(3)在调整对象上,国际经济法调整的是不同国家的自然人、法人、国家及国际经济组织之间的经济关系,而不是政治关系。而国际公法则主要调整国家间的政治、外交和军事等非经济关系。

关于国际经济法与国际私法的区别与联系主要表现在下列几个方面:(1)在主体上,国际经济法的主体如前所述为自然人、法人、国家和国际经济组织。而国际私法的基本主体是自然人和法人,国家和国际组织也可以是国际私法的主体,但主要是以民事法律关系当事者的资格从事一般民事活动,而在国际经济法中国家可以主体的身份从事国际经济交往,并承担一定的权利和义务。(2)在法律渊源上,国际经济法和国际私法均包括了国际条约、国际惯例和国内立法,但侧重有所不同,国际经济法的主要渊源是国际条约,而国际私法在渊源上更侧重各国国内法中的冲突规范,并辅以涉及法律

适用方面的国际惯例和国际条约。(3)在调整对象上,国际经济法是调整主体之间的国际经济关系,对于自然人的身份、婚姻、继承等人身方面的法律关系并不涉及,而国际私法则主要调整涉外民商事关系的法律适用问题,外国人的民事法律地位问题和国际民商事争议解决的问题等。

2.国际经济法的基本原则是指被国际社会公认的、对国际经济法的各个领域都具有普遍指导意义,并构成国际经济法基础的法律原则。国际经济法的基本原则主要包括下列:(1)国家经济主权原则,国家经济主权原则是国家主权原则在国际经济法领域内的具体体现,表现在国家对其全部财富和资源的拥有权、使用权和处置权,以及对经济活动的支配权等。在内容上,该原则包括国家对其境内一切自然资源享有永久主权;国家对外国投资者及其活动的管理和监督权;以及国家有权决定对境内的外国资产实施国有化或征收的措施等。(2)平等互利原则。平等互利是国际经济交往中应遵守的基本原则。在国际经济交往中,各国不论大小强弱,其在法律地位上一律平等。平等是实质上的平等,而不仅仅是形式上的平等。互利指不能只谋取本方的利益,而置其他各方的利益而不顾。平等互利是不可分割的整体。最惠国待遇是平等互利原则的一个典型范例。(3)国际合作以谋求发展原则。依联合国宪章的规定,国际合作以谋求发展是所有国家的一致目标和共同义务。该原则首先强调的是承认和尊重发展中国家的发展权,发达国家的繁荣与发展中国家的发展是联系在一起的。在此基础上,为了实现共同发展,就应加强各国间在经济、社会等各方面的合作,当然包括发达国家与发展中国家间的合作,也包括发展中国家之间的合作。

第二章　国际货物买卖法

一、不定项选择题

1. 关于 D 组贸易术语,下列选项哪个是正确的?（　）

A. DAF 是在边境指定港口交货

B. DES 是在目的港船上交货

C. DEQ 是在目的港船上交货

D. DDP 和 DDU 术语下,货物的风险是在目的港交付时转移

2. 依 CIF 条件成交时,货物风险转移的时间是下列哪一项?（　）

A. 货物在装运港码头越过船舷时

B. 卖方交货时

C. 买方接受货物时

D. 投保时

3. DES 术语适用于下列哪种运输方式?（　）

A. 航空运输

B. 公路运输

C. 铁路运输

D. 海上运输及内河运输

4. 法国甲公司给中国乙公司发盘:"供应 160 台拖拉机,100 匹马力,每台 CIF 大连 4000 美元,合同订立后三个月装船,不可撤销即期信用证付款,请电复"。乙公司还盘:"接受你方发盘,在订立合同后立即装船"。对此甲公司没有回音。关于本题,依 1980 年《联合国国际货物销售合同公约》的规定,下列选项哪个是正确的?（　）

A. 乙公司的复电构成承诺

B. 甲公司应依约立即装船

C. 甲公司应于合同订立后三个月装船

D. 该合同并没有成立

5. 我国某进出口甲公司受中国乙公司的委托与希腊丙公司签订了一份由希腊公司向中方提供某项设备的买卖合同。其中价格条款为 DES。运输途中由于不可抗力导致船舶起火,虽经及时抢救,仍有部分设备烧坏。依 2000 年《国际贸易术语解释通则》,烧坏设备的风险应由谁来承担?（　）

A. 中国甲公司　　　B. 希腊丙公司

C. 船公司　　　　　D. 中国乙公司

6. 在国际货物买卖中,卖方只将代表货物所有权的提单、发票等交到买方手中,以完成货物所有权转移的交货方式称为下列哪种方式?（　）

A. 象征性交货　　　B. 目的港交货

C. 工厂交货　　　　D. 实际交货

7. 在合同订立之后,履行期到来之前,依 1980 年《联合国国际货物销售合同公约》的规定,一方表示拒绝履行合同的意图的被称为什么?（　）

A. 严重违反合同　　B. 先期违约

C. 一般违约　　　　D. 实质性违约

8. 德国甲公司与中国乙公司订立了从中国出口某产品的合同,合同约定了产品的质量规格。在产品的生产过程中,德国甲公司又寄来了合同产品的样品,并来电:请收到后确认,请依样品履行合同。乙公司收到样品后回电:样品收到确认,保证依合同约定的规格履行合同。后德国甲公司

称中国乙公司交付的产品与其寄到中国的样品不符,要求中方承担违约责任,而中方公司则认为其生产的产品完全符合合同规定的规格,并有商检的证明。请问下列选项哪项是正确的?(　　)

A. 中国甲公司的产品与德国乙公司的样品不符,应承担违约责任

B. 本合同是一个凭样品的买卖

C. 依上述合同,中国乙公司生产的产品应与德国甲公司提供的样品相符

D. 中国乙公司没有违约,因为其产品与合同约定相符

9. 依 2000 年《国际贸易术语解释通则》的规定,某一贸易术语卖方应承担下列主要责任、风险和费用:(1)提供符合合同规定的货物、单证或相等的电子单证;(2)自负费用及风险办理出口许可证及其他货物出口手续;(3)依约定的时间、地点、依港口惯例将货物装上买方指定的船舶并给予买方以充分的通知;(4)承担在装运港货物越过船舷以前的风险和费用。该贸易术语是下列哪个国际贸易术语?(　　)

A. CIF　　　　　　B. CFR
C. DDP　　　　　　D. FOB

10. 依《国际贸易术语解释通则 2000》的规定,下列哪一种贸易术语需要卖方办理进口手续?(　　)

A. FAS　　　　　　B. DEQ
C. DDP　　　　　　D. DDU

11. 设甲乙两国均为 1980 年《联合国国际货物销售合同公约》的缔约国,依公约的规定,下列哪项适用公约的规定?(　　)

A. 营业地位于甲国的甲国 A 公司与营业地位于乙国的甲国 B 公司订立的家用电器的买卖合同

B. 甲国 A 公司与乙国 B 公司关于股票买卖的合同

C. 甲国 A 公司与乙国 B 公司关于飞机买卖的合同

D. 甲国 A 公司与乙国 B 公司关于气垫船买卖的合同

12. 1980 年《联合国国际货物销售合同公约》对合同的适用范围作了规定,下列哪个选项应适用公约的规定?(　　)

A. 缔约国中营业地处于同一国家的当事人之间货物的买卖

B. 缔约国中营业地分处不同国家的当事人之间船舶的买卖

C. 不同国家的当事人之间股票的买卖

D. 缔约国中营业地分处不同国家的当事人之间的货物的买卖

13. 新加坡甲公司于 1999 年 10 月 1 日收到来自中国乙公司的电报,表明乙公司撤销其发出的关于 1000 箱电工修理工具的要约的意思。10 月 8 日,甲公司收到了乙公司关于 1000 箱电工修理工具的发盘,甲公司认为价格很合理,于是于 10 月 15 日电告乙公司其承诺的意思。后乙公司再无音信,也没如甲公司所愿履约,甲公司认为乙公司没有履行合同,应当赔偿甲公司的损失。依 1980 年《联合国国际货物销售合同公约》的规定,下列选项哪个是正确的?(　　)

A. 甲公司 10 月 15 日给乙公司的电报是一个碰头的要约

B. 乙公司应当履行合同,因为甲公司已表示了承诺

C. 合同没有成立,因为乙公司的要约已被乙公司撤销

D. 合同没有成立,因为乙公司的要约已被乙公司撤回

14. 2001 年 8 月 21 日,韩国大宇水产公司给山东某水产公司发出要约称:"鳗鱼饲料数量 185 吨,单价 CIF 上海 981 美元,合同订立后 3 个月装船,不可撤销即期信用证付款,请电复"。山东某水产公司还盘:"接受你方发盘,在订立合同后请立即装船"。对此韩国

大宇公司没有回音,且也一直没有装船。山东某水产公司认为韩国大宇公司违约,并要求其赔偿不履约造成的损失。对于此案,依1980年《联合国国际货物销售合同公约》的规定,下列选项哪些是正确的?（　）

　　A. 大宇公司违约,因为其没有在订立合同后立即装船

　　B. 大宇公司违约,因为其没有在订立合同后3个月内装船

　　C. 合同已成立,大宇公司电称"接受你方发盘,在订立合同后请立即装船"属于承诺

　　D. 合同没有成立

　　15. 依1980年《联合国国际货物销售合同公约》的规定,对于正在运输途中的货物进行交易,货物的风险从何时由卖方转移给买方?（　）

　　A. 卖方交货时　　B. 合同成立时

　　C. 在装运港船舷　　D. 买方收取货物时

　　16. 依2000年《国际贸易术语解释通则》,在下列术语中由卖方办理出口结关手续的有哪几项?（　）

　　A. DDP　　　　　　　B. DDU

　　C. EXW　　　　　　　D. DES

　　17. 依《2000年国际贸易术语解释通则》,在DAF(边境交货)术语中,下列哪些地点可以是卖方交货的地点?（　）

　　A. 装货港船上　　　　B. 出口国边境

　　C. 进口国边境　　　　D. 目的港船上

　　18. 中国甲公司对英国乙公司发盘限10日复到有效。9日英国乙公司电报通知甲公司接受该发盘,由于电报局传递延误,甲公司于11日上午才收到对方的接受通知。而甲公司在收到接受通知前已获悉市场价格已涨,于是甲公司立即复电乙公司通知对方原发盘已失效。而乙公司则认为合同已成立,甲公司应当履约。下列选择哪些是正确的?（　）

　　A. 发盘已失效　　　　B. 合同已成立

　　C. 甲公司应当履约　　D. 合同未成立

　　19. 沙特甲公司向中国乙公司出口特种石油产品一批,价格条款为CIF天津新港,合同订有不可抗力条款。合同订立后,由于海湾战争,石油价格暴涨,造成甲此次交易的成本增加42%,于是甲公司向中国乙公司提出要求提高出口价,乙公司拒绝了甲公司的要求,于是甲公司拒绝交货,并宣布依不可抗力条款解除合同。依1980年《联合国国际货物销售合同公约》的规定,下列哪些选项是正确的?（　）

　　A. 战争在本案中构成不可抗力

　　B. 甲公司拒绝交货构成违约

　　C. 甲公司可以解除合同

　　D. 甲公司不可解除合同

　　20. 中国甲公司与西班牙乙公司签订了出口一批水果的合同,支付方法为货到验收后付款。货到经买方验收后发现水果总重短少10%,且每个水果的重量也低于合同规定,乙公司即拒绝付款,也拒绝提货。后来水果全部腐烂,西班牙海关向中方收取仓储费和处理水果费用5万美元。经查货物的总重短少是在装船前发生的。依1980年《联合国国际货物销售合同公约》的规定,下列选项哪些是正确的?（　）

　　A. 货物的短重应由承运人承担责任

　　B. 乙公司虽拒绝提货,但也因尽量减轻损失而对腐烂的货物承担一定的责任

　　C. 设甲公司属根本违约,则乙公司可以退货

　　D. 在甲公司非根本违约的情况下,乙公司只能要求减少价金和赔偿损失

　　21. 当买方违约,卖方采用了宣告合同无效的救济方法时,其法律后果是不需要再提交货物,对于未收货款的卖方,在不同的情况下,依1980年《联合国国际货物销售合同公约》的规定,可以行使下列哪些权利?（　）

A. 停止交货权　　　B. 留置权

C. 停运权　　　　　D. 再出售权

22. 下列关于国际贸易术语的选项哪些是正确的?( )

A. 国际贸易术语是国际商业惯例的一种

B. 国际贸易术语是在国际政治交往中逐渐形成的,表明在不同的交货条件下,买卖双方在交易中的费用、责任及风险划分的以英文缩写表示的专门用语

C. 2000 年通则与 1990 年通则相比在 FAS 和 DEQ 术语的进出口手续上更加合理

D. 经过 2000 年通则的修改,除了卖方责任最小的 EXW 和卖方责任最大的 DDP 未按上述原则外,其他各术语均是由卖方办理出口手续,由买方办理进口手续

23. 关于 F 组贸易术语,下列选项哪些是正确的?( )

A. FAS 贸易术语与 FOB 术语在交货上的区别是:FAS 在船边交货,而 FOB 在船上交货

B. 在 FCA 术语下,货物的风险在船舷转移

C. 在 FOB 术语下,货物的风险在卸货港船舷转移

D. FOB 和 FAS 贸易术语主要适用于海运或内河运输,而 FCA 则适用于各种运输方式

24. 关于 C 组贸易术语,下列选项哪些是不正确的?( )

A. CFR 术语是在卸货港船舷风险转移,因为其运费一直付到了卸货港

B. CPT 术语是运费和保险费付至指定目的地

C. CIP 术语是运费和保险费付至指定目的港

D. CIF 术语下,货物的风险是在装运港船舷转移

25. 设甲乙两国均为 1980 年《联合国国际货物销售合同公约》的缔约国,请问下列哪些情况可以适用该公约?( )

A. 营业地位于甲国的甲国 A 公司与营业地位于甲国的乙国 B 公司之间订立的办公用品买卖合同

B. 营业地位于甲国的甲国 A 公司与营业地位于乙国的乙国 C 公司之间订立的电视机买卖合同

C. 营业地位于甲国的甲国 A 公司与营业地位于乙国的乙国 E 公司之间订立的技术服务为主的补偿贸易合同

D. 营业地位于甲国的甲国 A 公司与营业地位于乙国的甲国 F 公司之间订立的货物买卖合同

26. 设甲乙两国均为 1980 年《联合国国际货物销售合同公约》的缔约国,依公约的规定,下列哪几项不适用公约的规定?( )

A. 营业地位于甲国的甲国 A 公司与营业地位于乙国的甲国 B 公司订立的香皂买卖合同

B. 营业地位于甲国的甲国 A 公司与营业地位于乙国的甲国 B 公司订立的大部分义务为提供劳务的补偿贸易合同

C. 跨国电力买卖合同

D. 营业地位于甲国的甲国 A 公司与营业地位于甲国的乙国 B 公司订立的主要义务涉及货物买卖的补偿贸易合同

27. 下列哪些问题 1980 年《联合国国际货物销售合同公约》并不涉及?( )

A. 营业地位于不同缔约国的当事人之间的缔约能力问题

B. 跨国买卖的货物的所有权转移问题

C. 国际货物买卖中的违约救济问题

D. 因销售的货物造成的人员伤害的问题

28. 下列关于 1980 年《联合国国际货物销售合同公约》的选项,哪些是正确的?(　　)

A. 中国在加入该公约时对公约第 11 条有关合同形式的规定进行了保留

B. 当事人可以在买卖合同中约定部分地适用公约,或对公约的内容进行改变

C. 公约调整跨境的货物买卖合同

D. 公约调整跨境的技术贸易合同

29. 依 1980 年《联合国国际货物销售合同公约》,关于卖方的义务,下列哪些选项是正确的?(　　)

A. 当国际货物买卖合同涉及货物运输的,卖方应在其营业地交付货物

B. 货物应按照同类货物通用的方式装箱或包装,如果没有此种通用方式,则按照足以保全和保护货物的方式装箱或包装

C. 如果买卖双方在订立合同时,没有规定货物的最终使用地或转卖地,则卖方对买方不承担向未告知的转卖地转卖的知识产权的担保义务

D. 卖方应保证对其出售的货物享有完全的所有权

30. 依 1980 年《联合国国际货物销售合同公约》,关于买方的义务,下列哪些选项是正确的?(　　)

A. 如合同双方约定以信用证的方式付款,则买方应首先申请开立信用证

B. 如合同双方约定以信用证的方式付款,则买方应在收到货物后才开始履行其付款义务

C. 如买方认为卖方的货物质量与买卖合同不符,则在目的港可以不提取货物

D. 买方认为卖方交付的货物质量与买卖合同不符也应先提取货物

31. 中国甲公司以 CIF 价向德国乙公司出口一批草编制品,向中国人民保险公司投保了一切险,并规定以信用证方式支付。中国甲公司在规定的期限内在指定的中国大连港装船,船公司签发了提单,中国甲公司取得单据后办理了议付。后中国甲公司接到德国乙公司来电,称装货的海轮在海上失火,草编制品全部烧毁,要求中国甲公司出面向中国人民保险公司提出索赔,否则要求中国甲公司退还全部货款。依《海牙规则》及国际贸易惯例,下列选项哪些是正确的?(　　)

A. 德国乙公司应向中国甲公司提出索赔

B. 德国乙公司应向保险公司提出索赔

C. 德国乙公司可依《海牙规则》向船公司提出索赔

D. 该案货物的风险是在装货港船舷转移

32. 依 1980 年《联合国国际货物销售合同公约》的规定,当买方违反合同时,下列哪些属于适用于卖方的补救方法?(　　)

A. 减价

B. 要求履行义务

C. 修理

D. 宣告合同无效

33. 韩国甲公司以 CIF 价与中国乙公司签订了向中国进口食品 2300 箱的合同,即期信用证付款,货物装运后由日本丙航运公司承运,凭已装船清洁提单和投保一切险及战争险的保险单,向银行收妥货款,货到目的港后经进口人复验发现下列情况:(1)该批货物共有 12 个批号,抽查 100 箱,发现其中 2 个批号涉及 210 箱内含沙门氏细菌超过中国的标准;(2)收货人只实收 1495 箱,短少 12 箱。下列选项哪些是正确的?(　　)

A. 对细菌超过标准的货物,中国乙公司可以要求减少价金,但不能提出损害赔偿

B. 对短少的货物,中国乙公司应向韩国甲公司提出索赔

C. 对短少的货物,中国乙公司应向日本丙航运公司提出索赔

D. 本案应由韩国甲公司投保并订立运输合同

34.1980 年《联合国国际货物买卖合同公约》对下列哪几项销售不适用?(　　)

A. 古董的拍卖　　　B.船舶的销售

C. 股票的买卖　　　D.飞机的销售

35. 中国 A 公司向国外询购某商品,不久接到某外商 B 公司 3 月 20 日的发盘,有效期至 3 月 26 日。A 公司于 3 月 22 日电复:"如能把单价降低 5 美元,可以接受。"对方没有反应。后因用货部门要货心切,又鉴于该商品行市看涨,A 公司随即于 3 月 25 日又去电表示同意对方 3 月 20 日发盘所提的各项条件。依 1980 年公约的规定,请问下列选项哪些是正确的?(　　)

A. 原发盘失效

B.合同未成立

C.A 公司的第二个去电是承诺

D.合同成立

二、名词解释

1.国际贸易法

2.国际货物买卖法

3. Schmitthoff

4.不可抗力条款

5.FCA

6.FOB

7.CFR

8.CIF

9.要约

10.承诺

11.预期违反合同

三、简答题

1.简述国际商业惯例及其特征。

2.简述国际货物买卖合同的特征。

3.简述不可抗力意外事故的构成条件。

4.简述 CIP 与 CIF 的主要区别。

5.简述 2000 年《通则》对 1990 年《通则》的主要修改和补充。

6.简述构成要约的条件。

7.简述要约失效的几种情况。

8.简述有效的承诺应具备的条件。

9.简述 1980 年《联合国国际货物销售合同公约》规定的中止履行义务的适用条件。

四、论述题

1.试论 1980 年《联合国国际货物销售合同公约》的适用范围。

2.试论中国加入 1980 年《联合国国际货物销售合同公约》时的保留。

3.试论在国际货物买卖中卖方在知识产权担保方面的担保及免责。

参 考 答 案

一、不定项选择题

1.B	2.A	3.D
4.D	5.B	6.A
7.B	8.D	9.D
10.C	11.A	12.D
13.D	14.D	15.B
16.ABD	17.BC	18.AD
19.AC	20.BCD	21.ABCD
22.ACD	23.AD	24.ABC
25.BD	26.BCD	27.ABD
28.ABC	29.BCD	30.AD
31.BD	32.BD	33.CD
34.ABCD	35.AB	

二、名词解释

1.国际贸易法是调整各国间商品、技术、服务的交换关系及与这种交换关系有关的各种法律制度与规范的总和。

2. 国际货物买卖法是调整跨越国界的货物贸易关系以及与货物贸易有关的各

种关系的法律规范的总和。国际货物买卖法是传统的国际贸易法的中心内容。国际货物买卖法所调整的内容既有公法性的，又有私法性的。公法性的既有国内立法调整的，又有国际立法调整的，国内法方面如各国有关管理国际货物买卖的法律，如海关法、外汇管制法、外贸管理法等。国际立法方面如世界贸易组织有关国际贸易的各种法律规则等。

3. 施米托夫（Clive M. Schmitthoff）（1903—1991）是国际贸易法学的主要创始人之一，曾任联合国法律顾问和联合国国际贸易法委员会主席。德国柏林大学和弗莱堡大学法学博士。曾先后在英国、美国、加拿大、德国等多所著名大学任教。主要著作有《英国冲突法》、《出口贸易》、《货物买卖》、《出口货物买卖中的法律问题》、《公司法》、《变化着的经济环境中的商法》、《出口贸易代理协议》、《国际贸易法的渊源》等。施米托夫一生致力于国际贸易法的教学与研究，他的学术地位和声望促成了联合国国际贸易法委员会的成立，他对国际贸易法学的最大贡献在于他建立了现代国际贸易法的理论体系。

4. 不可抗力条款是规定在合同订立后发生当事人在订合同时不能预见、不能避免、不可控制的意外事故，以致不能履行合同或不能如期履行合同时，遭受不可抗力的一方可以免除履行合同的责任的条款。

5. FCA 全称 Free Carrier（…named place），中文意为"货交承运人（……指定地点），该术语适用于各种运输方式，包括多式联运，卖方只要将货物在指定地点交给由买方指定的承运人，并办理了出口清关手续，即完成交货。"承运人"指在运输合同中承诺通过铁路、公路、空运、海运、内河运输或联合方式履行运输或由他人履行运

输的任何人。随着国际集装箱运输的发展，该术语的适用也越来越普遍。在该术语下，卖方必须在指定的交货地点，在约定的交货日期或期限间，将货物交买方指定的承运人或其他人，并通知买方。货物的风险在货交承运人时转移。卖方须承担交货前的一切费用。买方则应承担交货后与货物有关的一切费用。卖方义务包括：（1）提供货物和单据的义务。（2）办理出口手续。（3）承担交货以前的风险和费用。买方义务包括：（1）受领货物并支付货款的义务。（2）办理进口手续。（3）办理运输，买方须自付费用订立运输合同，并将承运人的名称及有关情况通知卖方。（4）承担交货以后的风险和费用，因此，买方为了自身的利益应自费办理保险，以防运输途中的货损。

6. FOB 全称 Free on Board（…named port of shipment），中文意为"船上交货（……指定装运港）"，指当货物在指定的装运港越过船舷，卖方即完成交货。FOB 是产生最早的一种贸易术语，也是使用最广泛的贸易术语之一。在此术语下，卖方须在指定日期或期限内，在指定的装运港，按照该港习惯方式，将货物交至买方指定的船只上。货物的风险自装运港船舷由卖方转移给买方。卖方承担交货前的一切费用。买方承担货物在指定的装运港越过船舷之时起与货物有关的一切费用，包括运费、保险费。卖方义务包括：（1）提供货物和单据的义务，卖方必须提供符合销售合同的货物和商业发票或有同等作用的电子单据，及合同可能要求的其他凭证。（2）办理出口手续，卖方须自担风险和费用，取得任何出口许可证或其他官方许可，并需办理货物出口所需的一切海关手续。（3）在装运港将货物装上买方指定的船舶并通知买方；（4）承担货物在装运港越过船舷前的

风险和费用。买方义务包括：(1)支付货款并接受卖方提供的单证；(2)办理进口手续，买方须自担风险和费用，取得任何进口许可证或其他官方许可，并办理货物进口和过境的一切海关手续。(3)租船或订舱并将船名和装货地点及时间给予卖方充分通知；(4)承担货物在装运港越过船舷后的风险和费用。因此，买方需自行办理保险，以避免货物在运输途中灭失的风险。

7.CFR，全称 Cost and Freight (…named port of destination)，中文意为"成本加运费(……指定目的港)"，指在装运港货物越过船舷时卖方即完成交货，卖方须支付将货物运至指定目的港所需的运费。但货物的风险是在装运港船舷转移的。该术语适合于海运或内河运输。CFR 价与下列 CIF 价相比，在价格构成中少了保险费，因此，除了保险是由买方办理外，其他的双方义务与下列 CIF 价基本相同。应该注意的是，CFR 价装船是卖方而投保又是买方，卖方在装船后应给买方以充分的通知，否则，因此而造成买方漏保引起的货物损失应由卖方承担。

8.CIF 全称 Cost, Insurance and Freight(…named port of destination)，中文意为"成本、保险费加运费(……指定目的港)"，指在装运港当货物越过船舷时卖方即完成交货。但卖方须支付将货物运至指定目的港所需的运费，并办理运输中的保险。货物的风险在装运港船舷转移。此贸易术语适用于海运及内河运输。在该术语下，卖方必须在装运港，在约定日期或期限内，将货物交至船上。货物的风险在装运港船舷由卖方转移给买方。卖方承担交货前的一切费用。买方承担货物在指定的装运港越过船舷之时起依合同非由卖方承担的费用。卖方义务包括：(1)提供货物和单据的义务，卖方必须提供符合销售合同的

货物和商业发票或有同等作用的电子单据，及合同可能要求的其他凭证。(2)办理出口手续，卖方须自担风险和费用，取得任何出口许可证或其他官方许可，并需办理货物出口所需的一切海关手续。(3)办理运输，卖方须依通常条件订立运输合同并承担运费，经由惯常航线，将货物以适航的船舶运至目的港。(4)办理保险，卖方需自付费用办理货物的保险，并向买方提供保险单或其他保险凭证。(5)承担在装运港货物越过船舷前的风险。买方义务包括：(1)支付货款并接受卖方提供的单证；(2)办理进口手续，买方须自担风险和费用，取得任何进口许可证或其他官方许可，并办理货物进口和过境的一切海关手续。(3)承担货物在装运港越过船舷后的风险和除运费和保险费以外的费用。

9. 要约又称为发价或发盘，是一方当事人以订立合同为目的向对方所作的意思表示。依 1980 年《联合国国际货物销售合同公约》的规定：向一个或一个以上特定的人提出的订立合同的建议，如果十分明确并且表明要约人在要约被接受时将受约束的意思，构成要约。提出要约的一方称为要约人，或发价人，在实践中也称为发盘人，对方则称为受要约人，或被发价人，或受盘人。

10. 承诺是受要约人按照要约所规定的方式，对要约的内容表示同意的一种意思表示。要约一经承诺，合同即成立。承诺也称为"接受"。

11. 预期违反合同是指在合同订立后，履行期到来前，一方明示拒绝履行合同的意图，或通过其行为推断其将不履行或无法履行。当一方出现预期违反合同的情况时，依 1980 年《联合国国际货物销售合同公约》的规定，另一方可以采取中止履行义务的措施。

三、简答题

1. 国际商业惯例是在国际商业交往中长期形成的，经过反复使用而被国际商业的参加者接受的习惯做法或通例。许多国际商业惯例经过有影响的国际组织或民间商业组织的制定而成了成文的惯例，例如由国际统一私法协会制定的 1932 年《华沙——牛津规则》、由国际商会制定的 2000 年《国际贸易术语解释通则》、由国际统一私法协会完成的 1994 年《国际商事合同通则》等。

国际商业惯例具有下列的特征：(1)普遍接受性，普遍接受要求国际商业惯例有一个长期的和反复的使用过程才能形成。(2)确定性，确定的内容使国际商业惯例能够对国际经济交往活动起规定的作用。(3)任意性，国际商业惯例不是法律，对当事人不具有强制性，只有在当事人约定引用惯例时，才对当事人具有法律约束力。同时，当事人在引用惯例时可以对惯例进行相应的修改和增减。

2. 与其他合同相比，国际货物买卖合同具有下列的特征：

(1)国际货物买卖合同的标的是货物。国际货物买卖中的货物是法律意义上的狭义的货物，《联合国国际货物销售合同公约》是以排除法来界定货物的范围的，依公约在第 2 条的规定，下列不能成为公约适用的国际货物买卖合同的标的：购买供私人、家人或家庭使用的货物；以拍卖的方式销售的货物；依法律执行令状或其他令状销售的货物；公债、股票、投资证券、流通票据或货币；船舶、船只、气垫船或飞机；电力。上述各项虽然属于广义的货物范围，但并不是公约调整的国际货物买卖的货物。

(2)国际货物买卖合同的国际性。国际货物买卖合同与国内货物买卖合同相比

最主要的特点就是其国际性，即合同中具有涉外因素，但其涉外因素与国际私法中的涉外因素有所不同，国际私法中的涉外是指民事关系的主体或客体或民事关系的产生、变更或消灭三方面中有一个或一个以上的涉外因素。而国际货物买卖合同中的国际性强调的是主体的营业地位于不同的国家。依《联合国国际货物销售合同公约》第 1 条的规定：本公约适用于营业地在不同国家的当事人订立的货物销售合同，国际因素以当事人的营业地位于不同国家为标准，而不考虑当事人的国籍。如果当事人有两个以上营业地时，依公约第 10 条的规定，应以与合同及合同的履行关系最密切的营业地为其营业地，但要考虑到双方当事人在订立合同前任何时候或订立合同时所知道或所设想的情况。如果当事人没有营业地，则以其惯常居住地为准。国际货物买卖的货物需要经过跨越国境的运输，如果不需要跨越国境的运输，即使是国籍不同的当事人，只要其营业地在同一国家，货物不需要跨越国境即不属于国际货物买卖。

(3)国际货物买卖合同的复杂性。国际货物买卖合同中的货物因为要跨越国境，因此比国内货物买卖要复杂得多，涉及许多国内货物买卖未涉及的问题，既有横向的关系，又有纵向的关系，纵向的主要是一些公法上的关系，如进出境货物的检验检疫、外汇管制、海关、进出口配额等。横向的关系主要是一些私法上的关系，即完成国际货物买卖各环节所涉及的各种合同关系，如国际货物买卖合同关系、国际货物运输合同关系、国际运输货物保险合同关系、国际支付结算关系等。国际货物买卖不仅涉及国内立法，更多的会涉及国际立法和国际惯例。

3. 构成不可抗力的意外事故应具备的

条件主要包括：

（1）意外事故是在签订合同以后发生的。订立合同以前发生的事故是已知的，不能说是意外，如明知不能履约还订立合同是一种欺诈行为。

（2）意外事故是当事人所不能预见、不能避免和不可控制的。不可抗力的事故范围很广，主要包括两类情况，一类是由于自然原因引起的，如水灾、风灾、旱灾、地震等；另一类是社会原因引起的，如战争、封锁、政府禁令、骚乱、暴动等。一般来说，对于自然原因引起的不可抗力分歧不大，但对于哪些是构成不可抗力的社会原因则往往会产生分歧，如什么情事构成骚乱或暴动往往会在当事人之间产生分歧。在合同中对不可抗力的意外事故进行规定可以下列几种方式：其一，概括式规定，即笼统地规定因不可抗力引起的不能交货或延迟交货，卖方不承担责任。由于国际上对不可抗力并没有统一的解释，因此任意性较大，难于执行。其二，列举式规定，即一一将水灾、风灾、旱灾、地震、战争、封锁、政府禁令、骚乱、暴动等事件列明，规定由列明事件引起的损失卖方不承担责任。但由于不可抗力的事件是多种多样的，难免挂一漏万。其三，以混合方式规定，即以列举式和概括式相结合的方式规定不可抗力的事故。这种方式可以避免上述两种方式不足，因此也是最常用的方式。

（3）意外事故的引起没有当事人疏忽或过失等主观因素。即未履约一方对于意外事故的发生、发展及其后果完全没有主观的过失。为了满足这一法律上的要求，援引不可抗力的一方应在合理的时间内提供有关机构的证明，在我国即由中国国际贸易促进委员会出具证明，在其他国家一般是由当地的商会或公证机构出具证明。

4.CIP 与 CIF 术语相比，两者相似点是两者均为装运合同，在价格构成中都包括了通常的运费和约定的保险费，两者不同点在于：（1）交货地点不同，CIP 的交货地点在依运输方式不同由双方约定在出口国某地，CIF 的交货地点在装运港船上；（2）风险转移不同，CIP 的风险在交货时转移，CIF 的风险在装运港船舷转移；（3）适用的运输方式不同，CIP 适用于各种运输方式，而 CIF 只适用于海运及水上运输；（4）两者费用包含的内容不同，CIP 的运费是运至目的地的，CIF 的运费是运至目的港的，CIP 的保险是至目的地全程的保险，而 CIF 的保险是海洋运输货物保险。

5.依国际商会在 2000 年《通则》"引言"中的解释，与 1990 年《国际贸易术语解释通则》相比，2000 年通则的变化很小，原因是由于《通则》已得到了世界的承认，所以国际商会决定巩固《通则》在世界范围内得到的承认，并避免为了变化而变化。新《通则》主要是使一些术语更加合理，并对一些以前未明确的项目进行了明确。2000 年《通则》在下列几个方面对《通则》进行了修改和补充：

（1）在进出口手续方面更加合理。FAS 贸易术语在 1990 年《通则》中是由买方办理出口许可证和出口清关手续。此点与卖方办理出口手续，买方办理进口手续的一般原则不符，因此，在 2000 年《通则》中，改为由卖方办理出口许可证和出口清关手续。DEQ 贸易术语在 1990 年《通则》中是由卖方办理进口清关手续，同样与上述原则不符，因此，在 2000 年《通则》中改为由买方办理进口清关手续。经过上述修改后，除了卖方责任最小的 EXW 和卖方责任最大的 DDP 未按上述原则外，其他各术语均是由卖方办理出口手续，由买方办理进行手续。

（2）明确了在 FCA 贸易术语下的交货

与装货义务。1990年《通则》对FCA贸易术语下卖方交货地点的选择没作规定。依2000年《通则》的规定，在FCA贸易术语中，当卖方在其所在地交货时，则应由卖方负责装货，当货物装上买方指定的承运人或代表买方的其他人提供的运输工具时，完成交货。当在其他地点交货时，则当货物在卖方的运输工具上，尚未卸货而交给买方指定的承运人或其他人或由卖方选定的承运人处置时，卖方完成交货。即卖方可以在自己的运输工具上完成向对方的交货。

（3）改变了贸易术语内容的排列。1990年《通则》在13个术语下是将买卖双方的义务采用10个项目分别列明的，2000年《通则》同样也采用了10个项目，但不是分别列明，应是将同一个项目下，同时列明买方与卖方义务，例如，在CIF贸易术语下，关于运输合同这一项目，A3（规定卖方义务）规定，卖方必须自付费用，依通常条件订立运输合同，经由航线，将货物用通常可供运输合同所指货物类型的海轮装运至指定的目的港。B3（规定买方义务）规定，买方对运输合同无义务。这种新的排列方法，在同一项目下，不用前后翻找，便于查找和对比双方的义务。

（4）适用的任意性。惯例的适用都是任意性的，即只有在当事人选择适用的情况下才对当事人产生法律约束力。2000年《通则》也不例外，由于《通则》不断修订，当事人意图在合同中订入《通则》时，清楚地说明所引用《通则》的版本是很重要的，以免当事人对引用的版本产生分歧。2000年《通则》在序言中强调，希望使用2000《通则》的商人应在合同中明确规定该合同受2000年《通则》的约束。《通则》适用的任意性还意味着，当事人在使用《通则》时可以对其进行修改和补充，因此出现了许

多术语的变体。对此，《通则》强调，《通则》对任何内容的添加不提供任何指导规定。如当事人希望超出《通则》的规定来分配双方的义务，《通则》提醒当事人应使用特殊的合同条款加以明确。

6. 根据1980年《联合国国际货物销售合同公约》第14条的规定，符合下列三个条件，即构成要约：（1）订立合同的建议要向特定人发出。（2）要约的内容要十分确定。要约中内容的全面性总是相对的，没有一个要约能够包含所有相关的问题而毫无遗漏。但是，构成一项要约，即构成合同条款的基础的建议，其内容必须有最低的要求。依公约第14条（1）款的规定，如果要约中写明了货物并且明示或暗示地规定数量和价格或规定如何确定数量和价格，即为十分确定。这是《公约》关于要约的三要素：货物、数量和价格。除了这三个要素之外，如果要约被接受而成为合同，其中缺少的条款将由惯例或者公约的其他规定来解决。（3）要约须表明要约人在要约被接受时承受约束的意思。在有些情况下，即使货物、数量和价格三个要素全都具备，但如果从具体情况看，无法得出提出建议的一方当事人在对方接受建议时将受约束的意思，那么有关的建议也不构成要约。是否有承受约束的意思是个事实问题，需要根据具体情况来判断。如果提出建议的一方并没有表明受约束的意思，他提出的建议仅仅是个要约邀请。因此，要约人必须清楚表明愿意依要约内容订立合同的意思。

7. 要约的失效指的是要约失去法律上的效力。在要约失效后，无论是要约人或受要约人均不再受要约的拘束。要约可以视为一种单方的法律行为。要约失效的原因可以是要约本身所附的条件，要约人的行为或其他原因，主要有以下几种情况：

(1)要约因期间已过而失效,即要约因受要约人没有在要约规定的期间内作出有效的承诺而失去效力。如果没有具体规定期限,在合理的期限过了之后,要约也失去效力。(2)要约因要约人的撤销而失效。(3)要约因受要约人的拒绝而失效。受要约人的拒绝可以是明示的,也可以是默示的。默示的拒绝主要表现为对原要约内容的添加、限制或改变。尽管受要约人发出的、对原要约内容添加、限制或改变的文件,在受要约人自己看来是接受了要约人的要约,但它实际上是对要约的拒绝,而构成反要约或新要约。当事人一方提出新要约后,便失去了接受原要约的可能性。任何合同都必须在新的要约和承诺的基础上订立。

8. 依 1980 年《联合国国际货物销售合同公约》的规定,有效的承诺须具备的条件下列几个条件:(1)承诺须由受要约人作出。依照《公约》第 18 条的规定,承诺的作出可以声明或行为表示,但缄默或不行为本身不等于承诺。(2)承诺须在要约规定的有效期间内作出。如果要约没有明确规定时间,则应当在收到要约后的合理期限内作出。根据许多国家的合同法理论,迟到的承诺或逾期的承诺不是有效的承诺,当其到达要约人时也不发生订立合同的效力,因为要约本身已经失效了。逾期的承诺被视为新的要约,一般须经原要约人承诺后才能成立合同。但公约采取了不同的规则。公约第 21 条并没有一概地否定逾期承诺的效力,依该条规定:第一,对于逾期的承诺,如果要约人毫不迟延地用口头或书面将承诺的意思通知受要约人,则该逾期的承诺仍为有效的承诺;换言之,如果要约人在接到逾期承诺后立即通知承诺人该承诺有效的话,双方之间的合同于要约人收到逾期承诺的时候生效。第二,如果

载有逾期承诺的信件或其他书面文件表明,它是在传递正常、能及时送达要约人的情况下寄发的,则该项逾期承诺具有承诺的效力,除非要约人毫不迟延地用口头或书面通知受要约人,他认为其要约已经失效。这两项对承诺的例外规定,目的都是保护商人们正常的期望。(3)承诺须与要约的内容一致。如果受要约人表示的接受意思对要约的内容有所变更,即构成反要约。依传统理论,反要约是对要约的拒绝,不发生承诺的效力,它必须经原要约人承诺后才能成立合同。公约对与要约不完全一致的回复进行了区分,并不一概将这类回复视为反要约。依公约第 19 条的规定,原则上对要约表示承诺但载有添加、限制或其他更改的答复,即为拒绝该项要约,并构成反要约。但含有非实质性的更改要约的答复,除非要约人在不过分迟延的期间内以口头或书面通知反对其间的差异外,仍构成承诺。如果要约人不作出此种反对,则合同的条件就以该项要约的条件以及承诺通知内所载的更改为准。该条第(3)款对实质上的变更进行了规定。依该条的规定,有关货物价格、付款、货物质量和数量、交货地点和时间、一方当事人对另一方当事人的赔偿责任或解决争端等的添加或不同条件,均视为在实质上变更要约的条件。

9.当一方出现预期违反合同的情况时,依 1980 年《联合国国际货物销售合同公约》的规定,另一方可以采取中止履行义务的措施。公约第 71 条对中止履行义务的条件进行了规定,条件可以概括为下列几点:(1)须是被中止方当事人在履行合同的能力或信用方面发生严重缺陷。如买方已经申请破产,或者发生不支付的情况,卖方可以判定买方的支付能力发生严重缺陷,因而可以中止履行义务。(2)被中止方

当事人须在准备履行或履行合同的行为方面表明他将不能履行合同中的大部分重要义务。如在甲合同中，货物不符是由当事人所使用的原料造成的，而情况表明乙合同和甲合同使用的原料都出自同一产地，因此，如果该当事人准备使用或已经使用了这种原料，那么，这种准备使用或已经使用了的行为，就表明该当事人不能履行合同的大部分重要义务。应当注意，只要当事人一方对另一方的履约能力或信用产生合理的怀疑，他就可以中止履约。但怀疑是否合理是个事实问题，要根据每一个合同的具体情况判断。而最终判定者常常是法院或仲裁庭。

除了上述两种情况外，其他情况也有可能导致当事人中止履行义务，如对卖方来说，其所在的国家对与合同有关的货物实行出口禁运，货物的交付可能性在合同规定的期限内已经不存在。此时，买方可以根据合理的判断中止履行义务。中止履行义务的一方必须立即通知对方当事人，不论货物是否已经发运。

四、论述题

1.1980《联合国国际货物销售合同公约》作为具有约束力的规则，有其规定的适用范围。该范围比国际上实际发生的国际货物买卖的范围要窄一些。公约所适用的合同应是国际货物销售合同，即合同货物需要跨越边界。公约第一章规定了公约的适用范围。该适用范围的确定涉及下列因素：合同当事人的营业地点、国际私法规则、应被排除的某些类别的货物销售，以及某些应被排除的合同方面的问题。

公约第 1 条第(1)款是公约适用范围的一般性原则，它规定：公约适用于营业地在不同国家的当事人之间所订立的货物销售合同：(a)如果这些国家是缔约国；或(b)如果国际私法规则导致适用某一缔约国的法律。该条规定包含下列含义：(1)合同的两个不同的当事人的营业地点应位于不同的国家。如果当事人的营业地点在同一个国家，他们之间的货物销售合同一般应受到该国的国内法律管辖，而不适用公约。(2)当事人的营业地点仅仅位于不同的国家仍然不足以使他们之间的合同适用公约。只有有关的两个国家都是公约的缔约国，才能使他们的合同适用公约的规定。(3)在确定《公约》的适用时，应不考虑当事人的国籍。(4)因国际私法规则而导致的扩大适用。对于交易双方只有一方的营业地的情况，本来不应适用公约，但依公约的此项规定，当国际私法规则导致适用某一缔约国的法律时，就等于适用公约的规定。

依公约第 2 条规定，公约不适用于下列销售：(1)供给私人或家庭使用的货物的销售；(2)通过拍卖的销售；(3)因执行法律所进行的销售；(4)股票、投资证券、流通票据或货币的销售；(5)船舶、气垫船或飞机的销售；(6)电力的销售。公约虽然适用于国际货物销售合同，但上述各类销售则不应适用公约的规定。这些排除的项目分为三类：第一类是消费合同；第二类是特殊程序达成的销售；第三类是特殊标的物的销售。

公约第 3 条第(2)款规定，公约将不适用于供货方的绝大部分义务在于供应劳务和服务的合同。这反映了公约适用范围的一条原则，即公约适用于货物的国际销售，而不适用于劳务或服务合同，因为劳务或服务合同与货物销售合同有明显的差别。公约第 3 条第(1)款的规定也反映了上述基本原则。该款规定："供应尚待制造或生产的货物的合同应视为销售合同，除非订购货物的当事人保证供应这种制造或生产所需的大部分重要材料。"这一款规定含义是，如果大部分的材料需要订购人提供，该合同实质上将是由售货人提供制造或生产服务,或是加工服务,即卖方的主要义务将是提供劳务或服务。根据前面所阐述的原则,这类合同将不适用公约。

2. 中国于 1986 年 12 月向联合国秘书长递交了核准书,成为公约的缔约国,该公约于 1988 年 1 月 1 日对包括我国在内的各参加国生效。但中国在核准公约时,提出了下列两项保留:

第一,合同形式的保留。合同形式的保留针对的是公约第 11 条,依该条的规定:"销售合同无须以书面订立或书面证明,在形式方面也不受任何其他条件的限制。销售合同可以用包括人证在内的任何方法证明。"该条规定与我国在 1986 年核准公约时适用的《中华人民共和国涉外经济合同法》的规定不一致,该法要求涉外的经济合同必须采用书面方式订立。因此,我国在核准公约时对此进行了保留,即认为国际货物买卖合同应采用书面的方式,公约有关口头或书面以外的合同也有效的规定对中国不适用。1999 年 10 月 1 日,《中华人民共和国合同法》生效,合同法没有区分国内的合同和涉外的合同,第 10 条对合同的形式进行了规定:"当事人订立合同,有书面形式、口头形式和其他形式。法律、行政法规规定采用书面形式的,应当采用书面形式。当事人约定采用书面形式的,应当采用书面形式。"尽管我国的合同法已允许涉外合同采用口头形式,但在中国没有撤销有关的保留前,该保留仍然有效,即仍应采用书面形式。当然,营业地在中国的当事人与营业地在非缔约国的当事人订立的涉外合同则可以采用口头的形式,因为不涉及公约的适用。

第二,扩大适用的保留。扩大适用的保留针对的是公约第 1 条第 1 款(b)项的规定,该条允许通过国际私法的引用而使公约适用于非缔约国。对此,我国在核准公约时也提出了保留,即我国同意对双方的营业地所在国均为缔约国的当事人之间的订立的国际货物销售合同才适用《公约》。

3. 依 1980 年《联合国国际货物销售合同公约》的规定,在国际货物买卖中卖方有知识产权担保的义务。知识产权担保指卖方所交付的货物,必须是第三方不能根据工业产权或其他知识产权主张任何权利或要求的货物。知识产权是包括工业产权的,公约之所以将两者并列是为了避免不同国家在使用这两个概念时的分歧。如果在买方接受货物后,任何第三人通过司法程序指控买方所购的货物侵犯了其知识产权,卖方应承担代替买方辩驳第三人的指控。

由于知识产权的地域性质,以及货物将销售到某个外国的特点,卖方不可能对每个国家的情况都了解,因此,公约虽然规定了卖方的知识产权担保义务,但并不要求其出售的货物不得侵犯全世界任何一个知识产权人的权利,那样的要求是不现实的。此外,买方可能在自己的国家销售,也有可能将货物销售到第三国。例如,买方改变了将货物转卖 A 国的计划,而将卖方出售的货物转卖到了 B 国,则当一 B 国人称该货物侵犯其商标权时,卖方不应对买方负责,因为在订立合同时,卖方并不知道这批货物将被转卖到 B 国。鉴于这些情况,公约对卖方的知识产权担保义务规定两个条件,其一,第三方的权利主张必须是基于货物销售或使用地国家的法律的,而且这个国家是在双方签订合同时已经为双方所知道的。如果没有明确货物的销售和使用国家,则权利主张必须基于买方营业地点所在国家的法律。其二,卖方必须在签订合同时知道或不可能不知道这种基于知识产权的权利或主张。关键是对卖方不可能不知道的判断。如果该权利主张是基于已经申请或批准的专利权利，或已经批准的商标权利的，卖方通常将被视为不可能不知道，因为这些都会有公告。

公约还对卖方的知识产权担保做了两项免责规定。第一，如果在签订合同时，买方知道或不可能不知道存在基于知识产权的要求，卖方将对知识产权担保豁免责任。由于对卖方不可能不知道知识产权权利或要求的判断标准和对买方对同一事实的判定标准应当是相同的，所以，卖方豁免责任的可能性是很大的。第二，如果卖方的货物导致的侵权是由于卖方遵守买方定货时要求的技术图样、图案、程式或其他规格的要求的结果。在这种情况下，由于是买方先行要求，所以责任应由买方承担。但是，根据一些国家的法律，卖方需要给予买方适当的通知才能免除自己的责任。

第三章　国际货物运输与保险

一、不定项选择题

1.承运人在收取货物以后,签发的载明船名及装船日期的提单被称为下列哪种提单?(　)

A.已装船提单　　　B.不清洁提单

C.收货待运提单　　D.备运提单

2.下列哪种提单依我国《海商法》的规定不能转让?(　)

A.指示提单　　　B.不记名提单

C.记名提单　　　D.已装船指示提单

3.《汉堡规则》规定的承运人迟延交货的责任限额为下列哪项?(　)

A.迟交货物应付运费的一倍

B.迟交货物的每公斤 2.5 计算单位

C.每件迟交货物 835 计算单位

D.迟交货物应付运费的 2.5 倍

4.在提单中承运人的责任制问题上,《海牙规则》采用的是下列哪种责任?(　)

A.不负过失责任

B.完全过失责任

C.不完全过失责任

D.过失责任

5.拖轮所有人拖带其驳船,将货物从上海港运至日本东京港,依我国《海商法》属于下列哪一类合同?(　)

A.拖航合同

B.货物买卖合同

C.定期租船合同

D.海上货物运输合同

6.我国《海商法》从《汉堡规则》中吸收了下列选项中的哪一个概念?(　)

A.航行过失免责

B.实际承运人

C.承运人赔偿责任限额

C.承运人

7.货物全部毁灭或因受损而失去原有用途,或被保险人已无换回地丧失了保险标的的情况属于下列哪种损失?(　)

A.实际全损　　　B.推定全损

C.部分损失　　　D.单独海损

8.依我国《海商法》,委付是在什么情况下,被保险人将残存的货物的所有权转移给保险公司,并请求取得全部保险金额?(　)

A.共同海损　　　B.单独海损

C.实际全损　　　D.推定全损

9.海洋货物运输保险中保险人的保险责任起讫为下列哪一种?(　)

A.仓至仓　　　　B.港至港

C.舷至舷　　　　D.钩至钩

10.根据我国《海商法》的有关规定,货物由承运人接收或装船后,应托运人的要求,承运人应做下列哪项?(　)

A.可以签发提单

B.应当签发提单

C.无须签发提单

D.应当签发清洁提单

11.下列哪种提单依我国《海商法》的规定应通过背书才可转让?(　)

A.指示提单　　　B.不记名提单

C.记名提单　　　D.已装船记名提单

12. 下列哪项属于指示提单的转让方式?（　）

　　A. 交付即转让

　　B. 背书转让

　　C. 经承运人同意后方能转让

　　D. 不能转让

13. 下列哪项公约首次在一定范围内承认了保函的效力,即规定托运人为了换取清洁提单可向承运人出具保函,但保函只在托运人和承运人之间有效。如果保函有欺诈意图,则保函无效,承运人应赔偿第三者的损失,且不能享受责任限制?（　）

　　A.《海牙规则》

　　B.《维斯比规则》

　　C.《汉堡规则》

　　D.《联合国国际货物买卖合同公约》

14. 当信用证规定的有效期即将届满而货物还没有装船时,托运人为了使提单上的装船日期与信用证规定的日期相符,要求承运人在货物装船前签发的已装船提单称为下列哪项?（　）

　　A. 倒签提单　　　　B. 预借提单

　　C. 清洁提单　　　　D. 不清洁提单

15.《汉堡规则》的全称是下列哪一项?（　）

　　A.《统一提单的若干法律规则的国际公约》

　　B.《修改统一提单的若干法律规则的国际公约的议定书》

　　C.《联合国海上货物运输公约》

　　D.《联合国国际货物多式联运公约》

16.《海牙规则》规定的货方对承运人或船舶提起货物灭失或损害赔偿的诉讼时效为下列哪项?（　）

　　A.6 个月　　　　　B.1 年

　　C.2 年　　　　　　D.4 年

17. 首次明确了提单对于善意受让人是最终证据的是下列哪个公约?（　）

　　A.《海牙规则》　　B.《汉堡规则》

　　C.《维斯比规则》 D.《海牙议定书》

18.《汉堡规则》规定,承运人对火灾所引起的灭失、损坏或延迟交付负赔偿责任,但须证明承运人、其受雇人或代理人对此有过失,下列谁对此有举证责任?（　）

　　A. 承运人　　　　　B. 托运人

　　C. 保险人　　　　　D. 索赔人

19. 船舶出租人向承租人提供约定的由出租人配备船员的船舶,由承租人在约定的期限内按约定用途使用,并支付租金的合同属于下列哪种合同?（　）

　　A. 航次租船合同

　　B. 定期租船合同

　　C. 光船租赁合同

　　D. 班轮运输合同

20. 在航次租船运输中,船舶如果迟于下列什么时间到达装货港,租船人有解除合同的权利?（　）

　　A. 受载日　　　　　B. 交货日

　　C. 解约日　　　　　D. 装卸日

21. 在航次租船运输中,如果租船人在装卸期间届满前提前完成装货或卸货,则由船方向租船人支付下列哪种费用?（　）

　　A. 预付运费　　　　B. 到付运费

　　C. 滞期费　　　　　D. 速遣费

22. 设提单收货人栏填写的是“凭指示”的字样,船名一栏写明“天洋号”,运费一栏写明“运费预付”。请问关于此提单下列选项哪个是正确的?（　）

　　A. 该提单为指示的、收货待运、运费预付提单

　　B. 本提单为不记名的、已装船、运费预付提单

　　C. 本提单为记名的、已装船、运费到付提单

　　D. 本提单为指示的、已装船、运费预

付提单

23. 下列选项中哪个属于《汉堡规则》的规定？（　）

A. 承运人对于因船长、船员、引水员或承运人的雇用人在驾驶或管理船舶中的行为、疏忽或不履行职责可以免责

B. 承运人对延迟交货的赔偿责任限额为迟交货物应付运费的 2.5 倍，但不应超过应付运费的总额

C. 承运人对货物灭失或损坏的赔偿责任限额为每件或每单位 835 美元，或每公斤 2.5 美元，以高者为准

D. 诉讼时效为 1 年

24. 航空货运代理公司将若干单独发运的货物组成一整批货物，用一份总运单将货物整批发运到目的地的航空运输属于国际航空运输方式中的哪一种？（　）

A. 班机运输　　　　B. 集中托运

C. 部分包机运输　　D. 整包机运输

25. 规范国际航空货物运输的《华沙公约》规定的诉讼时效是自航空器到达目的地或应该到达之日起多长时间？（　）

A.6 个月　　　　　B.1 年

C.2 年　　　　　　D.4 年

26.《国际铁路货物联运协定》规定，为了保证核收运输合同项下的一切费用，铁路当局对货物可行使留置权，留置权的效力以下列哪一国的法律为依据？（　）

A. 货物交付国　　　B. 货物制造国

C. 货物经停国　　　D. 货物发运国

27.《国际铁路货物联运协定》在货损的赔偿上采用的是下列哪种赔偿？（　）

A. 限额赔偿

B. 足额赔偿

C. 不予赔偿

D. 以每公斤 250 金法郎为限

28.《联合国国际货物多式联运公约》在联运经营人的责任制问题上，采用的是

下列哪种原则？（　）

A. 完全推定责任原则

B. 不负过失责任原则

C. 不完全的过失责任原则

D. 航行过失免责的原则

29.《国际货协》规定的铁路承运人的责任期间为下列哪一项？（　）

A. 承运人的责任期间为从接收货物时起到交付货物时止的期间

B. 承运人的责任期间为从货物装上火车起至卸下火车时止的期间

C. 承运人的责任期间为从签发运单时起至终点交付货物时止的期间

D. 承运人的责任期间为火车开动时起到到达目的站时止的期间

30. 由保险人和被保险人商定的，保险人承担损失补偿的最高责任限额称为下列哪项？（　）

A. 保险价值　　　　B. 保险标的

C. 保险金额　　　　D. 保险费

31. 我国《海商法》规定，在国际海上运输货物保险合同中，保险标的的保险价值应依下列哪种方式确定？（　）

A. 由国家检验检疫机构确定

B. 由保险人和被保险人约定

C. 由国家认可的会计师事务所确定

D. 由保险公司指定的专门机构确定

32. 中国人民保险公司海洋运输货物保险的三种基本险别中，保险公司承担保险责任最大的是下列哪一种？（　）

A. 平安险　　　　　B. 水渍险

C. 一切险　　　　　D. 战争险

33. 根据我国《海商法》，根据海上保险合同向保险人要求保险赔偿的请求权，时效期间为两年，其起算时间是下列哪项？（　）

A. 首次向保险公司提出索赔之日

B. 保险合同成立之日

C.保险事故发生之日

D.被保险的货物起运之日

34.下列哪个情况属于国际货物运输保险合同的自然终止（　）？

A.保险单的有效期限已届满,而保险标的没有出险,保险人的保险责任终止的情况

B.货物在保险期限内由于保险人所承保的风险而造成全损,保险人向其给付了全部的保险金额后,尽管保险单的有效期还未到,该保险合同也告终止

C.因被保险人的违约行为而终止保险合同

D.被保险的货物因保险事故之外的原因而灭失而使保险合同终止

35.依收货人的抬头,可将提单分为下列哪几种？（　）

A.指示提单　　　B.不记名提单

C.不清洁提单　　D.记名提单

36.提单中注明的装船日期早于实际装船日期的情况有下列哪几种？（　）

A.已装船提单　　B.收货待运提单

C.预借提单　　　D.倒签提单

37.下列哪几项为我国加入的有关航空运输的国际公约？（　）

A.《华沙公约》

B.《海牙议定书》

C.《海牙规则》

D.《瓜达拉哈拉公约》

38.依我国《海商法》的规定,下列货物运输方式中哪些属于《海商法》调整的多式联运？（　）

A.空海联运　　　B.陆海空联运

C.陆海联运　　　D.陆空联运

39.中国甲公司与秘鲁乙公司订立了进口秘鲁鱼粉的合同,由日本丙公司承运,并签发了清洁提单,甲公司向中国人保投保了水渍险,在运输途中,货物被雨淋受

损。关于此案,下列选项哪些是正确的?（　）

A.保险公司可以不赔,因为货物受损的近因是雨淋,而水渍险不包括雨淋造成的损失

B.保险公司应该赔偿,因为是在保险责任期间内发生的货损

C.依《海牙规则》,甲公司应向承运人丙公司提出索赔

D.甲公司应向乙公司提出索赔

40.中国人民保险公司海洋货物运输保险的基本险别包括下列哪几种？（　）

A.水渍险　　　　B.一切险

C.战争险　　　　D.平安险

41.在被保险人保险公司发出委付通知的情况下,该保险公司可以选择的处理方法是下列哪几项？（　）

A.无条件地接受委付

B.有条件地接受委付

C.必须接受委付

D.拒绝接受委付

42.国际货物买卖中,买方和议付货款的银行一般只愿意接受下列哪几种提单？（　）

A.已装船提单　　B.收货待运提单

C.清洁提单　　　D.不清洁提单

43.下列哪几项是调整提单运输的国际公约？（　）

A.《国际货约》　　　B.《海牙规则》

C.《维斯比规则》　　D.《汉堡规则》

44.关于保险委付,下列选项哪些是正确的？（　）

A.保险委付发生于推定全损的情况下

B.保险委付发生于推定全损时,被保险人选择以部分损失向保险人求偿的情况

C.被保险人委付,保险人必须接受

D.被保险人委付,保险人可以接受,

也可以不接受

45．下列选项中哪些属于《维斯比规则》的规定？（　　）

A．提单对于善意受让人是最终证据

B．对承运人提起的货损索赔诉讼，无论是以合同为依据，还是以侵权行为为依据，均可以适用责任限制的规定

C．承运人的责任期间为货物在装货港、运送途中和卸货港在承运人掌管下的期间

D．承运人的雇佣人或代理人也可以享受责任限制的保护

46．下列选项中哪些属于《海牙规则》的规定？（　　）

A．承运人对于因船长、船员、引水员或承运人的雇佣人在驾驶或管理船舶中的行为、疏忽或不履行职责可以免责

B．承运人对货物的灭失或损害责任以每件或每单位 10000 金法郎或每公斤 30 金法郎为限，两者以高者计

C．承运人应当适当和谨慎地装载、操作、积载、运送、保管、照料和卸载所承运的货物

D．承运人应对延迟交货负责

47．关于保险金额和保险价值，下列哪些选项是正确的？（　　）

A．保险金额等于保险价值属于足额保险

B．保险金额大于保险价值属于不足额保险

C．保险金额大于保险价值属于超额保险

D．保险金额小于保险价值属于不足额保险

48．我国 A 公司与某外国 B 公司于 1992 年 10 月 20 日签订了购买化肥的 CFR 合同，A 公司开出的信用证规定，装船期限为 1993 年 1 月 1 日至 1 月 10 日。由于 B 公司租来的货轮在开往装货港途中发生海事，结果使装货至 1993 年 1 月 20 日才完成。承运人在接受 B 公司保函的情况下，签发了与信用证条款一致的提单。依提单上载明的装船日期预计船舶将于 2 月 10 日到达目的港，收货人已安排好了一些接货的工作，但该船却于 2 月 25 日才到达目的港，这时正赶上化肥的价格下跌，使 A 公司在出售化肥时的价格大大下降。另一方面，由于收货人已为接货作好了运输工具和仓库的安排，化肥的延迟到港也引起了收货人在这方面的损失。关于本案例，下列选项哪些是正确的？（　　）

A．该案属于承运人依托运人的保函倒签提单的情况，对此引起的责任承运人可不负责任

B．承运人应对倒签提单引起的损失承担赔偿责任

C．依单证相符的原则，承运人在本案中必须倒签提单

D．处理本案的正确方法是应由开证申请人申请修改信用证的装船期间

49．下列哪几项属于《海牙规则》规定的承运人最低限度的义务？（　　）

A．承运人必须在整个责任期间内使船舶具有适航性

B．承运人必须承担绝对的使船舶适航的责任

C．承运人在开航前和开航时必须谨慎处理，使船舶具有适航性

D．承运人应当适当和谨慎地承担管货的义务

50．根据《海牙—维斯比规则》，下列事项中承运人可以免责的包括哪几项？（　　）

A．在航行途中，船长超速驾驶，船舶触礁沉没造成的货物灭失

B．承运的花生由于本身湿度过大而

发生的霉变

C. 承运人为了多装货,下令将船上救生设备与救火设施全部拆除,不料途中船舶失火造成的货物损失

D. 不论何种原因引起的局部或全面罢工或停工而造成的货物损失

51. 下列哪几项属于《汉堡规则》的适用范围?（　）

A. 提单或作为海上运输合同证明的其他单证在某一缔约国签发

B. 提单或作为海上运输合同证明的其他单证上载有适用《汉堡规则》或采纳该规则的任何国内法的首要条款

C. 装货港或卸货港或备选卸货港位于缔约国

D. 租船合同项下的提单

52. 关于对货物的适用范围,《海牙规则》不适用于下列哪几项?（　）

A. 纺织品　　　B. 活牲畜

C. 舱面货　　　D. 食品

53. 关于《海牙规则》和《汉堡规则》的关系问题,下列说法中正确的有?（　）

A. 在承运人的责任制问题上,《汉堡规则》的规定更为严格

B.《汉堡规则》规定的承运人的责任期间更长

C.《汉堡规则》规定的承运人的责任限额更高

D.《汉堡规则》规定的货物适用范围更广

54. 广义的租船合同包括下列哪几项?（　）

A. 班轮运输合同

B. 航次租船合同

C. 定期租船合同

D. 光船租赁合同

55. 下列哪几项属于航次租船合同的特有条款?（　）

A. 预备航次条款

B. 装卸期间条款

C. 停租条款

D. 运送合法货物条款

56. 关于航空运单,下列说法中正确的是哪几项?（　）

A. 航空运单是货物的物权凭证

B. 航空运单一般都印有"不可转让"的字样

C. 航空运单是记载收货人应负担费用和代理费用的记载凭证

D. 当承运人承办保险或托运人要求承运人代办保险时,航空运单即可用来作为保险证书

57. 关于《联合国国际货物多式联运公约》,下列说法中正确的是哪几项?（　）

A. 该公约至今尚未生效

B. 该公约所说的"国际多式联运",是指多式联运经营人以至少两种以上的运输方式,并且其中至少有一种是海运,将货物从一国境内接管货物的地点运至另一国指定交付货物的地点

C. 该公约规定多式联运经营人的责任期间为从货物装上第一个运输工具至货物卸离最后一个运输工具

D. 该公约在多式联运经营人责任制上采用了完全推定责任原则

58. 下列哪几项是《联合国国际货物多式联运公约》对多式联运经营人赔偿责任限额的规定?（　）

A. 如在国际多式联运中包括了海运或内河运输,多式联运经营人的赔偿责任限额为每件 666.67 特别提款权,或货物毛重每公斤 2 特别提款权,以较高者为准

B. 如在国际多式联运中包括了海运或内河运输,多式联运经营人的赔偿责任限额为每件 920 特别提款权,或货物毛重每公斤 2.75 特别提款权,以较高者为准

C. 如在国际多式联运中未包括海运或内河运输,多式联运经营人的赔偿责任限额为毛重每公斤 8.33 特别提款权

D. 如在国际多式联运中未包括海运或内河运输,多式联运经营人的赔偿责任限额为毛重每公斤 2.5 特别提款权

59. 下列各项中,属于国际货物运输保险基本原则的是哪几项?(　)

A. 保险利益原则

B. 最大诚实信用原则

C. 损失补偿原则

D. 近因原则

60. 下列各项中,属于平安险承保范围的是哪几项?(　)

A. 被保险货物在运输途中由于恶劣天气、雷电、地震等自然灾害所造成的部分损失

B. 被保险货物在运输途中由于恶劣天气、雷电、地震等自然灾害所造成的整批货物的全部损失

C. 由于运输工具遭受搁浅、触礁、互撞等意外事故造成的被保险货物的全部损失

D. 由于运输工具遭受搁浅、触礁、互撞等意外事故造成的被保险货物的部分损失

61. 下列哪几项属于共同海损成立的条件?(　)

A. 船舶遭遇风险

B. 船货处于共同危险中

C. 采取的措施必须经过各方当事人的同意

D. 采取的措施必须是有意和合理的

62. 下列险别中,属于人保海洋货物运输保险中一般附加险的是哪几项?(　)

A. 舱面险　　　B. 淡水雨淋险

C. 拒收险　　　D. 串味异味险

63. 一艘货轮从天津港驶往日本横滨,在航行途中受雷击起火,大火蔓延至机舱,船长为了船货的共同安全,命令采取紧急措施,往舱中灌水灭火。火被扑灭后,由于主机受损无法继续航行,船长被迫雇拖轮将货轮拖至一避难港进行修理,修好后重新将货物运至目的港。在此次事件造成的如下几项损失中,属于共同海损的是哪几项?(　)

A. 500 箱货物被烧毁

B. 1500 箱货物受水损

C. 雇佣拖轮费用

D. 额外增加的燃料以及船长和船员的工资

64. 下列哪些是《汉堡规则》对承运人责任期间的规定?(　)

A. 装到卸　　　　B. 钩到钩

C. 舷到舷　　　　D. 接到交

65. 在提单中承运人的责任制问题上,《汉堡规则》采用的是下列哪种责任?(　)

A. 不负过失责任

B. 完全过失责任

C. 不完全过失责任

D. 推定过失责任

66. 中国 A 轮承运一批大豆从美国旧金山运至中国大连港,收货人为中国 B 公司。A 轮到达目的港后,发现所载大豆中有 2000 吨因发霉受损。经检验,发现大豆霉损分别由下列原因所致,依我国《海商法》的规定,请问其中应由承运人承担赔偿责任的是下列哪项?(　)

A. 800 吨大豆霉损是因为货舱通风不良所致

B. 700 吨大豆霉损是因船员在关舱盖时未关严,雨水渗入所致

C. 300 吨大豆霉损是因海上风浪过大,海水浸泡所致

D. 200 吨大豆霉损是因该批大豆本身含水分过高所致

67．下列哪项是我国参加的调整国际铁路货物运输的国际公约？（　）

A.《关于铁路货物运输的国际公约》

B.《国际铁路货物联运协定》

C.《联合国国际货物多式联运公约》

D.《国际货约》

68．关于航次租船合同和定期租船合同，下列说法中正确的是哪几项？（　）

A．在营运成本上，在航次租船中由船方承担的航次成本在定期租船下转由租船人承担，因而在定期租船合同中有关于燃油消耗量、航速的规定

B．航次租船的时间损失由船方承担，因此，在航次租船合同中有关于装卸期间的规定

C．定期租船的时间损失由租船人承担，因此，在定期租船合同中有关于停租的规定

D．在定期租船下，由于经营权归租船人，因此，船东为了保证其船舶的安全，通常会在定期租船合同中订入有关航区、可装运货物范围等航次租船合同中没有的规定

69．下列公约中，采用特别提款权作为赔偿计算单位的有哪几项？（　）

A.《海牙规则》

B.《汉堡规则》

C.《华沙公约》

D.《联合国国际货物多式联运公约》

70．中国 A 公司与欧洲某国 B 公司以 CIF 价格条件订立了从中国出口某种饲料的货物买卖合同，该批货物向中国人民保险公司投保了水渍险。当货物到达目的港时，发现饲料上有很多飞虫，致使该批货物已无法正常使用。经检验，发现该批货物在装运前就已含有大量虫卵。关于本案，你认为下列说法中正确的是哪几项？（　）

A．保险公司无须承担赔偿责任，因为本案中货物的损失属于海运货物保险的除外责任

B．承运人也无须承担赔偿责任，因为本案中货物损失是因为货物的固有缺陷所致，其属于承运人的免责事项

C.B 公司应承担货物损失，因为本案中货物损失发生在风险转移至 B 公司之后

D.A 公司应承担货物损失，因为其提供的货物有缺陷

二、名词解释

1．国际海上货物运输

2．班轮运输

3．提单

4．已装船提单

5．备运提单

6．记名提单

7．不记名提单

8．指示提单

9．清洁提单

10．不清洁提单

11．双方有责碰撞条款

12．航次租船合同

13．倒签提单

14．预借提单

15．喜马拉雅条款

16．预备航次

17．装卸期间

18．国际货物多式联运

19．统一责任制

20．网状责任制

21．保险价值

22．保险金额

23．保险凭证

24．委付

25．实际全损

26．推定全损

27．共同海损

三、简答题

1. 简述提单的法律特征。

2. 加注任何批注是不是都会使提单成为不清洁提单?

3. 简述提单正面的声明性条款。

4. 简述倒签提单和预借提单的责任属性。

5. 简述保函。

6. 如何理解《海牙规则》中的适航义务?

7. 简述航次租船合同与国际货物买卖合同的关系。

8. 简述提单与租船合同的关系。

9. 简述起算装卸时间的条件。

10. 简述航次租船合同的性质。

11. 简述定期租船合同与航次租船合同的区别。

12. 简述国际航空货物运输的特点。

13. 简述国际航空货物运输的多边规则体系。

14. 简述国际运输货物保险合同中的最大诚实信用原则。

15. 简述国际运输货物保险合同中的损失补偿原则。

16. 简述国际海洋运输货物保险合同的转让。

17. 简述国际海洋运输货物保险合同的终止。

18. 简述中国人民保险公司海洋运输货物保险中的仓至仓条款。

四、论述题

1. 论各类海运保函的效力。

2. 试比较《海牙规则》、《维斯比规则》和《汉堡规则》在承运人的责任基础、责任期间、责任限额、免责等方面的不同规定。

五、案例分析题

1. 1999 年 4 月,中国北海粮油公司与巴基斯坦某公司签订了向中国进口 12000 吨(240000 包)白糖的合同,价格条件为 CFR,每吨单价为 437 美元。由中方向中国人民保险公司北海分公司投保了水渍险。该批货物由巴拿马籍某轮承运。在巴基斯坦某港装货的过程中,船长先后向托运人发出书面声明和抗议,指出货物堆放于码头无任何遮盖物并发生了雨水的污染,宣布货物为不清洁。而托运人为了结汇则出据了保函,以要求承运人签发清洁提单。船长在接受了保函的情况下签发了清洁提单。货轮于 5 月 23 日抵达北海港,经北海外轮理货公司理货,发现了 578 包有雨水污染。并确认货物有短少 608 包。对于本案,请回答下列问题:

(1)收货人是否应向承运人索赔,因为其签发了清洁提单?

(2)承运人是否可以依保函要求收货人向托运人索赔?

(3)收货人是否应向保险人索赔,因为该批货物已投保了水渍险?

2. 2000 年 10 月 6 日,中国甲公司与加拿大乙公司以 FOB 大连价格条件订立了从中国向加拿大温哥华出口一批华人春节用品的合同。由加拿大公司投保了水渍险。乙公司通过银行开出的信用证规定的装船日期是 2000 年 12 月 15 日至 31 日。乙公司所订中国籍货轮"大洋"号在来大连的途中与他船相碰,经修理于 2001 年 1 月 21 日才完成装船。甲公司在出具保函的情况下换取了承运人签发的注明 2000 年 12 月 30 日装船的提单。船舶延迟到达目的港温哥华,造成收货人加拿大丙公司一系列签订的供货合同均延迟履行,并导致了该加拿大丙公司向乙公司索赔。乙公司在赔偿丙公司后,向承运人提出了索赔。请回答下列问题:

(1)乙公司是否可向承运人提出索赔? 理由是其倒签了提单,应对因此引起的损失负责。

(2)本案承运人签发的是什么提单?

(3)乙公司是否应向保险公司提出延迟交付的索赔?

3.1998 年 1 月 15 日,原告中国银行马江支行应申请人华裕公司的申请,开立编号为 73M0004/98、73M0005/98 两份不可撤销信用证。同年 4 月马江支行收到正本议付单据。经审核后,原告对外承兑付款,合法持有单证。提单为被告福建外贸中心船务公司签发,记载收货人均为"凭马江支行指示"、起运港韩国釜山、目的港中国厦门、承运轮华讯(HUAXUN)V9806。1998 年 4 月 11 日船抵达目的港厦门后,侨星公司向船务公司传真一份保函,请求无正本提单提取货物。4 月 16 日,收货人建达公司向厦门外代出具无提单提货担保函。4 月 17 日,船务公司指示厦门外代凭副本提单加保函放货给被告收货人建达公司。建达公司后因财务困难没有去银行付款赎单。请回答下列问题:

(1)船务公司指示厦门外代凭副本提单加保函放货给被告收货人建达公司的行为侵犯了谁的利益?

(2)银行应以谁为被告起诉?

参 考 答 案

一、不定项选择题

1. A   2. C   3. D
4. C   5. D   6. B
7. A   8. D   9. A
10. B   11. A   12. B
13. C   14. B   15. C
16. B   17. C   18. D
19. B   20. C   21. D
22. D   23. B   24. B
25. C   26. A   27. B
28. A   29. C   30. C
31. B   32. C   33. C
34. A   35. ABD   36. CD
37. AB   38. ABC   39. AC
40. ABD   41. AD   42. AC
43. BCD   44. AD   45. ABD
46. AC   47. ACD   48. BD
49. CD   50. ABD   51. ABCD
52. BC   53. ABCD 54. BCD
55. AB   56. BCD   57. AD
58. BC   59. ABCD 60. BCD
61. BD   62. BD   63. BCD
64. D   65. BD   66. AB
67. B   68. ABCD 69. BD
70. ABD

二、名词解释

1. 国际海上货物运输是由承运人负责将托运人托运的货物经海路由一国的港口运至另一国的港口,而由承运人收取运费的合同。国际海上货物运输依船舶经营方式的不同,可分为班轮运输、租船运输和国际多式联运。

2. 班轮运输是由航运公司以固定的航线、固定的船期、固定的运费率、固定的挂靠港口组织的将托运人的件杂货运往目的地的运输。由于班轮运输的书面内容多以提单的形式表现出来,所以此种运输方式又被称为提单运输。从班轮运输货物的特征考虑,班轮运输又被称为件杂货运输或零担运输。

3. 提单是指用以证明海上运输合同的订立和货物已经由承运人接收或者装船,以及承运人保证据以交付货物的单据。提单中载明的向记名人交付货物,或者按照指示人的指示交付货物,或者向提单持有人交付货物的条款,构成承运人据以交付货物的保证。

4. 已装船提单指由船长或承运人的

代理人在货物装上指定的船舶后签发的提单。已装船提单的正面载有装货船舶的名称和装船日期,表明货物确已装船。这种提单能够在一定程度上保证收货人按时收货,因此,买方在信用证中也要求卖方提供已装船提单。银行一般也只接受已装船提单。

5. 备运提单又称收货待运提单,指船方在收到货物后,在货物装船以前签发的提单。船方有时由于船期的原因,会在船方指定的仓库预收货物,然后由船方依仓库收据签发备运提单。备运提单表明货物已由船方保管,并准备装到即将到港的某船上,而未确认货物已装船。由于备运提单无装船日期和船名,不能为买方准时收货提供充分的保障,所以,买方一般不愿接受备运提单。银行通常也不愿意接受备运提单作为议付的担保,为托运人提供资金的融通。

6. 记名提单指提单正面载明收货人名称的提单。在这种情况下,承运人只能向该收货人,或向经收货人背书转让的提单持有人交付货物。依中国《海商法》第79条的规定,记名提单不能转让。在国际贸易中,除了某些金、银、珠、宝等贵重物品的运输外,一般不使用记名提单。

7. 不记名提单指提单正面未载明收货人名称的提单。不记名提单的收货人一栏中空白不填或填写"持有人"的字样。在签发不记名提单的情况下,承运人应向提单的持有人交付货物。这种提单由于未写明收货人的名称,因此转让十分简便,依中国《海商法》第79条的规定,不记名提单无需背书,只要将提单交给受让人即可转让。这种提单风险较大,因此在实践中也很少使用。

8. 指示提单指提单正面载明凭指示交付货物的提单。在收货人一栏中填写

"凭指示"字样的提单叫不记名指示提单;在收货人一栏中填写"凭某某指示"的提单为记名指示提单。记名指示依指示的发出人不同又可分为托运人指示、收货人指示和银行指示三种。凭银行指示的提单只有在买方向银行付款后,银行才会将提单背书转让给买方,使买方能够提货。依中国《海商法》第79条的规定,指示提单的转让必须经过背书。

9. 清洁提单指提单上未附加表明货物表面状况有缺陷的批注的提单。承运人如签发了清洁提单,就表明所接受的货物表面或包装完好,承运人不得事后以货物包装不良等为由推卸其运送责任。在签发清洁提单的情况下,如交货时货物受损,就说明货物是在承运人接管后受损的,承运人必须承担赔偿责任。银行在结汇时一般只接受清洁提单。

10. 不清洁提单指在提单上批注有表明货物表面状况有缺陷的提单。船方在货物装船时,如发现货物的表面状况不良,可以在提单上进行批注,以表明上述不良是在装船以前就存在的,从而减轻船方的货损责任。买方一般不愿接受这种提单,因为包装不良的货物在运输中很容易受损。银行除非在信用证规定可以接受该类提单的情况下,一般会拒绝接受不清洁提单办理结汇。

11. 双方有责碰撞条款规定当由于两船均有过失而发生碰撞并使船载货物受损时,货方应从向对方船东索取的赔偿款中将本船船东的赔偿金额退还给本船船东。当两船相撞互有过失时,载货船的货主可以向本船索赔,也可以向对方船索赔。向本船索赔成功的可能性不大,因为本船船东依《海牙规则》的规定可以免除航行过失的责任。所以,货主一般向对方船提出索赔,这种索赔是以侵权行为为依据的。在

这种情况下,《海牙规则》不适用。当货主向对方船依侵权行为的连带责任索赔100%的赔偿后,对方船又有权向本船索回其责任比例外的金额,这样,本船船东间接地把损失金额付给了本船货主。为了保障承运人依《海牙规则》取得的合法权益,在提单上加入"双方有责碰撞条款",规定货方应从取得的赔偿款项中将本船船东的赔偿金额,退还给本船船东,以符合运输合同的规定。

12. 航次租船合同又称为航程租船合同,是指航次出租人向承租人提供船舶或者船舶的部分舱位,装运约定的货物,从一港运至另一港,由承运人支付约定的运费的合同。在航次租船合同下,出租人保留船舶的所有权和占有权,并由其雇用船长和船员,船舶由出租人负责经营管理,由出租人承担船员工资、港口使费、船用燃料、港口代理费等费用。承租人除依合同规定负担装卸费等费用外,不直接参予船舶的经营。从上述定义可以看出,航次租船合同是一种海上货物运输合同。

13. 倒签提单指提单中注明的装船日期早于实际装船日期的提单。为了保证收货人能及时收到货物,信用证中一般均规定有装船期限,托运人应在该装船日期之前或当日完成装船,否则,收货人有权拒收货物,并提出索赔。银行也不接受装船期晚于信用证规定的装船期间的提单。基于这个原因,在装船晚于信用证规定的期限时,托运人往往向承运人出具保函,要求承运人按信用证规定的装船期签发提单,以便向银行办理结汇。在国际贸易买卖合同中,交货日期属于合同的要件,而装船日期是一个直接关系到交货日期的因素。承运人应托运人的要求倒签了提单,实际上就隐瞒迟延交货的责任,构成了对收货人的欺诈行为,日后须对因此而引起的损失负责。

14. 预借提单是当信用证规定的有效期即将届满,而货物还未装船时,托运人为了使提单上的装船日期与信用证规定的日期相符,要求承运人在货物装船前签发的已装船提单。预借提单在议付时,货物实际上可能还未装运,使信用证对装货这一环节的制衡力丧失,无法保证货物的准时到达。预借提单与倒签提单一样,都是掩盖了货物的实际装船日期,从而避开了迟延交货的责任。

15. 喜马拉雅条款出自著名的"喜马拉雅"案,"喜马拉雅"案曾确立了一个原则,即承运人的雇用人不得享受以承运人为当事人的合同所规定的承运人的权利。在该案中,"喜马拉雅"轮上的一名水手未能将船上的跳板搭好,使一名女乘客在上船时滑倒受伤。事后该女乘客向该轮所属公司提出索赔。但船公司认为,船票上已载明了船公司对乘客跌倒受伤不负责任的条款,因此,应当免责。该女乘客转而以侵权行为之诉告船上水手在搭跳板时的疏忽行为。英国法院判原告胜诉。理由是:船票上的免责条款仅适用于承运人,而不适用于其雇用人,水手是承运人的雇用人,而不是合同的签约人,因此,不能援引免责条款。该案判决以后,承运人为了保护自己的利益,纷纷在提单中加注"喜马拉雅"条款,该条款与该案的判决内容相反,其主旨是使承运人的雇用人和代理人均能享受责任限制的保护。"喜马拉雅"条款的内容在《维斯比规则》中得到了肯定。

16. 船舶在上一个卸货港时达成一项租船合同,则船舶驶往下一个租船合同的装货港的空放航次被称为预备航次。预备航次是租船合同的一部分,船方在预备航次中应尽责速遣,否则,船方须对因延迟而造成的承租人的损失负赔偿责任。

17. 装卸期间是合同当事人双方约定的货物装船或卸船而无须在运费之外支付附加费的期间。航次租船合同中有装卸期间的规定是因为航次租船下的时间损失在船东。如因不是船舶所有人的责任造成的原因，租船人未能在装卸期间内装货或卸货完毕，则须按超过的时间向船方支付滞期费。如租船人在装卸期间届满前提前完成装货或卸货，则由船方向租船人支付速遣费。

18. 国际货物多式联运是指多式联运经营人按照多式联运合同，以至少两种不同的运输方式，由多式联运经营人将货物从一国境内接管货物的地点运至另一国境内指定交付货物的地点的运输方式。

19. 统一责任制是关于多式联运经营人责任制度的一种，统一责任制指由多式联运经营人对其承运的货物的损坏不区分损失发生的具体区段，按统一制度进行赔偿的责任制度。

20. 网状责任制是关于多式联运经营人责任制度的一种，网状责任制指多式联运经营人对货物的全程运输负责，但按照造成货损的实际运输区段的责任制度承担赔偿责任的制度。

21. 保险价值是被保险人投保的财产的实际价值。投保人在投保时需说明所要投保的标的的价值，由于运输货物的流动性，准确的确定标的的实际价值是困难的，因此，运输货物的保险价值通常是由被保险人与保险人协商确定的。这个价值是估算形成的，因此它可以是标的的实际价值，也可能与实际价值有一定的距离。依《海商法》第 219 条的规定，保险标的的保险价值由保险人与被保险人约定。双方未约定的，对于运输中的货物，其保险价值是保险责任开始时货物在起运地的发票价格及运费和保险费的总和。运费的保险价值是保险责任开始时承运人应收运费总额和保险费的总和。上述保险价值均包括了保险费，这样被保险人在保险标的发生损失时，可以使随保险标的一起损失掉的保险费也能得到补偿。

22. 保险金额指保险合同约定的保险人的最高赔偿数额。当保险金额等于保险价值时为足额保险。当保险金额小于保险价值时为不足额保险。当保险金额大于保险价值时为超额保险。财产保险中的保险金额通常以投保财产可能遭遇损失的金额为限，即不允许超额保险，因为保险是以损失补偿为原则的，如果允许超额保险就等于被保险人可以通过保险赚钱。正因为如此，我国《海商法》第 220 条规定，保险金额不得超过保险价值，超过保险价值的，超过部分无效。

23. 保险凭证又称小保单，保险凭证是不载明保险条款的简化的保险单。保险凭证只载明大保单正面的内容，有关双方当事人的权利和义务以大保单上所载明的条款为准。保险凭证与大保单具有同等的效力。凡在保险凭证上没有列明的内容则应以同一种保险单上的内容为准，保险凭证与保险单发生抵触时，以保险凭证上的内容为准。在国际运输货物方面，这种保单大量地用于对香港、澳门的出口运输货物。保险凭证在国内运输货物方面也得到了普遍使用。

24. 委付发生在保险标的出现推定全损的情况下，当保险标的出现推定全损时，被保险人可以选择按部分损失向保险人求偿或按全部损失求偿。当被保险人选择后者时，则由被保险人将保险标的的权利转让给保险人，而由保险人赔付全部的保险金额。这种转让保险标的的权利的做法被称为委付。依《海商法》第 246 条的规定，在被保险人委付时，对于保险人来说，可以接受委付,也可以不接受委付,但应当在合理的时间内将接受或不接受委付的决定被保险人。另外,委付不得附带任何条件。委付一经保险人接受,不得撤回。

25.实际全损指保险标的发生保险事故后灭失、或者受到严重损坏完全失去原有形体、效用,或者不能再归被保险人所拥有的损失状态。

26.推定全损指货物发生保险事故后,认为实际全损已经不可避免,或者为避免发生实际全损所需要支付的费用与继续将货物运抵目的地的费用之和超过保险价值的损失状态。

27.共同海损是指在同一海上航程中,船舶、货物和其他财产遭遇共同危险,为了共同安全,有意地和合理地采取措施所直接造成的特殊牺牲,支付的特殊费用。

三、简答题

1.提单是指用以证明海上运输合同的订立和货物已经由承运人接收或者装船,以及承运人保证据以交付货物的单据。提单中载明的向记名人交付货物,或者按照指示人的指示交付货物,或者向提单持有人交付货物的条款,构成承运人据以交付货物的保证。从上述定义中可以看出,提单具有下列法律特征:

(1)提单是海上运输合同的证明。关于提单是海上运输合同本身还是运输合同的证明是有争议的。多数的意见认为,提单只是运输合同的证明。首先,从理论上说,合同是以当事人双方一致为生效的主要条件,而提单只是由一方当事人签发的。其次,从时间上说,运输合同是在提单签发之前签定的。运输合同在托运人依班轮公司的船期、费率等与班轮公司洽订舱位时即成立,而提单通常是在货物装船后才签发的,这时,运输合同实际上已在履行了。《汉堡规则》和我国海商法均采用了提单是

运输合同的证明的观点。

提单是运输合同的证明只是就承运人与托运人之间的关系而言。在一般情况下货物的托运人是货物买卖合同的卖方,卖方在收到船方签发的提单后,会将其转让给买方,买方又有可能将其再背书转让给其他受让人。提单的受让人并非原托运人与承运人运输合同的当事方,他对托运人与承运人在订舱时有什么约定并不知情,因此,提单在承运人与提单的受让人之间就不仅是运输合同的证明,而且是运输合同本身。

(2)提单是承运人出具的接收货物的收据。提单是在承运人收到所交运的货物后向托运人签发的,提单的正面记载了许多收据性的文字,如货物的标志、货物的包装、数量或重量及货物的表面状况等。如运输合同在开航前解除或于中途终止合同,托运人可依提单的记载领回货物。

提单的证明作用在托运人手中和托运人以外的第三方持有人手中的效力是不同的。提单在托运人手中时只是初步证据,所谓初步证据指如承运人有确实的证据证明其收到的货物与提单上的记载不符,承运人可以向托运人提出异议。但在托运人将提单背书转让给第三人的情况下,对于提单受让人来说,提单就成了终结性的证据。因为提单的受让人是根据提单上的记载事项受让提单的,他对货物的实际情况并不知情,如提单中的记载不实是由于托运人的误述引起的,承运人可以向托运人提出抗辩。但承运人不得以此对抗提单的受让人,这样可以保证提单的流通性。

(3)提单是承运人凭以交付货物的具有物权特性的凭证。也有学者认为提单只是提货的凭证。提单是承运人凭以交付货物的具有物权特性的凭证。提单的流通性决定了提单所具有的物权凭证的特性。提单签发后,货物的控制权即和提单

紧密联系在一起,只有持有提单才能控制货物。提单的流通性使得提单的最终持有人总是处于不确定的状态,只有到了目的港,承运人才能知道应将货物交给谁。为了避免错交货物,承运人只能采用谁持有提单就向谁交货的做法。可见,赋予提单物权凭证的特性是国际贸易流通环节的需要。依商业惯例,提单的转让就表明了货物所有权的转移,提单的持有人就是货物的所有人。如承运人向非提单持有人交付货物,则须承担因此而产生的赔偿责任。

2. 清洁提单指提单上未附加表明货物表面状况有缺陷的批注的提单。承运人如签发了清洁提单,就表明所接受的货物表面或包装完好,承运人不得事后以货物包装不良等为由推卸其运送责任。在签发清洁提单的情况下,如交货时货物受损,就说明货物是在承运人接管后受损的,承运人必须承担赔偿责任。银行在结汇时一般只接受清洁提单。清洁提单并不是不能加任何批注,有的批注并不会使提单成为不清洁提单。依国际航运协会在 1957 年通过的一个决议,认为在提单中加注下列批注的情况下,不能视其为不清洁提单而拒绝接受:(1)批注未明显说明货物或包装不令人满意;(2)批注所强调的是承运人对于货物的性质或包装所引起的风险不负责任的内容;(3)批注是关于否认承运人知道货物的内容、重量、尺码、质量或技术规格的内容。依上述标准,如提单中加注有"旧桶"、"不负锈损责任"、"重量不知"等批注时,仍应视其为清洁提单。

3. 提单的正面一般印有一些声明性的条款,这些条款主要是班轮运输的承运人为了保护自己的利益而设定的。以"中远提单"为例,该提单正面右下方的第一段声明性文字中实际上有三项内容,通常被称为三项条款:

(1)装运条款,其内容为:"上列表面状况良好的货物(除另有说明外)已装在上述指名船上,并应在上述注明的卸货港或在该船所能安全到达并保持浮泊状态的附近地点卸货。"该条款的含义为:船长或承运人的代理人签发的是已装船提单;货物在装船时的表面状况良好,承运人在接受货物时不可能对货物的内容——查验,而只能对货物的表面状况负责,表面状况主要指货物的外部包装状况;如卸货港或所载货物出现了阻碍承运人在提单中指明的卸货港卸货的情况、承运人可以在附近的安全港卸货,并视为承运人已履行完其合同义务。

(2)未知条款,其内容为:"由托运人提供的重量、尺码、标志、号数、品质、内容和价值, 承运人在装船时未与核对。"该条款声明承运人未对托运人提供的有关货物的事项逐一加以核对。在西方国家中,船方也常常加注与上述未知条款类似的"数量和重量不知"条款,并说明提单记载的数量和重量只作为配舱和计算运费时使用。我国海事仲裁庭在审理有关案件中对此条款的效力也是依具体情况个案确定的。

(3)接受条款,其内容为:"托运人、收货人和本提单持有人明示接受并同意本提单及其背面所载的一切印刷、书写和打印的规定及免责事项的条件。"由于提单是由一方当事人签署的,该条款表明托运人和其他经背书转让而取得提单的持有人均接受以提单中的规定来处理提单双方的权利义务关系。

4. 关于倒签提单和预借提单的责任属性是有争议的。一种观点认为责任者应承担合同责任,因为提单是承运人与收货人、提单持有人和提单受让人之间的合同,在倒签提单和预借提单的情况下,货物最终还是装上了船舶,因此,承运人的这两种作法违反的是合同法规定的强制性义务，承运人应承担这种违约行为所引起的合同责任。在法国，类似上述行为被认为是违反合同要件的"实质性违约"，在日本也将此种行为按"根本违约"判定责任。另一种观点认为责任者应承担侵权责任，因为预借和倒签提单的行为符合侵权的一般特征，满足侵权行为成立所必须的四个条件，具有侵权性质。第三种观点主张竞合责任说，认为倒签提单带有双重的法律特征，其行为过程是由违约与侵权行为的结合而形成的，该行为本身侵犯了两种经济关系，引起了两种民事法律后果，因此是违约和侵权的竞合。由于倒签提单和预借提单均为欺诈行为，因此，在实践中，在信用证即将到期，而托运人又不能如期装船的情况下，正确的处理方法是要求修改信用证。

5. 保函又称担保函，是指担保人受债务人的委托向债权人作出承诺，表示当债务人到期不履行债务时，由其代为履行的书面协议。在民法上，保函属于担保之债中人的担保，应由第三方出具，而海运保函则有三种情况，一种是由第三方出具，多数情况下是由债务人自己出具，还有一种情况是由债务人和第三方共同出具的保函。

(1)第三方出具的保函。由第三方出具的保函是一种保证合同，是从属合同，基础合同是主合同，保证合同是从合同。保证人所应承担的保证责任依合同的约定有补充性和连带性两种：第一种是补充性的保险责任：指保证债务次于主债务，在清偿顺序上后于主债务，只有当债务人经强制执行仍未能清偿债务时，保证人才须代其清偿。第二种是连带性保证责任：指保证债务与主债务并列，两者没有主次先后之分，保证人和债务人对债权人共同承担连带责任，债权人可找债务人，也可找保证人，保证人履行保证债务无须以对债务人

先行执行为条件。

(2)债务人自己出具的保函。尽管债务人自己出具的保函不是法律意义上的保函，尽管这种保函起不到担保的作用，但是在海运实践中，由于委托第三方出具保函需要具备一定的条件并支付一定笔担保费用，债务人往往愿意以自己的名义出保函，有的债权人也愿意接受，因而这种保函在实践中大量存在。如无正本提单，以保函加副本提单提货，这种保函实质上是债务人向债权人表示愿意承担责任和履行债务的一种承诺。它只是一种普通协议，不具有保证合同的性质和特征。保函换清洁提单、以保函倒签提单等均属于这种情况。

(3)债务人和第三方共同出具的保函。这种保函是一种复合协议，是保证，具有担保的性质。例如，提货担保书，担保书上提货人表示："兹因有关提单尚未收到，请贵公司准许本公司先行提货。尚因本公司未凭提单先行提货致使贵公司遭受任何损失，本公司负责赔偿。"接着某银行在其后表示："兹保证上述承诺的履行。"实质上这是两个协议，前一个是债务人和债权人之间的普通协议，后一个是担保人与债权人之间的担保协议。

6.《海牙规则》规定了承运人的两项最低限度的义务，这两项义务是强制性的，在提单中解除或降低承运人的这两项义务的条款均属无效。第一项义务是承运人应提供适航船舶，公约第3条第1款规定：承运人在开航前与开航时必须谨慎处理，以便：(1)使船舶具有适航性；(2)适当地配备船员、设备和船舶供应品；(3)使货舱、冷藏舱和该船其他运载货物的部位适宜并能安全地收受、运送和保管货物。

(1)适航的基本义务。《海牙规则》并不要求船舶在任何时间都必须处于适航状态，仅要求在"开航前和开航时"适航。因

为海上风险太大,船舶在航行中可能由于各种原因而变得不适航,如要求承运人在整个航程中均应适航,则使承运人所负的责任与其享受的利益产生不平衡,同时在政策上也考虑到了对海上货运业的倾斜。"开航前和开航时"指的不是两个点,而是一段时间,指从船舶装货时起到船舶开航时为止的一段时间。承运人在这一期间内如未谨慎处理使船舶适航致使货物受损,就必须承担赔偿责任。

(2)适航的程度。关于"谨慎处理",《海牙规则》没有一个确切的定义。一些判例将其解释为"合理的注意",那么承运人作到什么程度才是"合理的注意"又是一个事实问题,需由法官个案处理。另一方面,承运人本人是不能亲自使船舶适航的,他必须通过其代理人、受雇人等来做到这一点。那么承运人的"谨慎处理"是否也包括了其代理人和受雇人的"谨慎处理"呢?《海牙规则》没有规定。有关判例认为,承运人的"谨慎处理"还应包括其雇员、代理人或非独立的承包商的"谨慎处理"。承运人仅仅雇用了信誉优良的受雇人是不足以说明其已做到了"谨慎处理"。现在司法界和理论界均认为,承运人的"谨慎处理"应包括其本人、代理人、受雇人和其他人员的"谨慎处理"。在"谨慎处理"后仍不能发现的潜在缺点,只要成因在免责范围内,承运人即可免除货损责任,但须举证,证明其已做到"谨慎处理"了。

(3)适航的含义。《海牙规则》没有给适航下定义。一般认为适航船舶是指船舶的各个方面可经得起预定航线中可能遭遇的一般风险。适航在这里是一个相对的概念。船舶的适航性与预定航线有关,如船舶的预定航线是进行沿海运输,其适航性的要求就比进行远洋运输的船舶要低。要求一艘渡轮要具备航行于四大洋的能力才

算适航是不合理的,也是不现实的。同时船舶所能抵御的应该是可以预料的一般风险。不同的地区一般的风险是不同的,东季北大西洋的一般风浪在沿海可能就是不可预料的特大风浪了。因此,船舶的适航标准须依其航行的航线不同而不同。

7.首先,从当事人上讲,航次租船合同当事人一方的出租人一般为航运公司,也可能是转租船人,另一方当事人,即承租人可以是国际货物买卖合同中的买方,也可以是卖方。在采用FOB贸易术语的条件下,是由买方负责租船订舱,因此,在航次租船合同中该买方就是承租人。在采用CFR和CIF的贸易术语下,是由国际货物贸易中的卖方负责租船,因此,承租人就应是国际贸易中的卖方。其次,从航次租船合同与国际货物买卖合同的衔接上,无论是国际贸易中的买方还是卖方负责租船,都应注意租船合同与货物买卖合同的衔接,即所租的船舶应符合买卖合同所要运输的货物的要求,否则的话,由于租来的船舶不适合运输货物合同中的货物,就可能导致赔偿责任。主要应注意下列几个方面:

(1)租的船舶应适应装货港与卸货港的要求。承租人应依装卸港对船长、船高、吃水等方法的限制租船。例如,在某案中,买方租的船舶因吨位过大不能进出可供卖方选择及指定的装货港口。再如,买方租的船是被装货港当局列入黑名单而拒绝入港的船舶。

(2)租的船舶应适合装运期间的要求。在货物买卖合同中一般都有装运期间的规定,买方在申请开立的信用证中也会对装运期间进行规定,如货方未能在装货港按时完成装船,提单上的装船日期就会与信用证上规定的装运期间产生不符,导致卖方无法结汇。因此,所租的船舶应适合装

运期间的要求。在 CFR 和 CIF 的情况下，卖方是自己租船并完成装船，而在 FOB 的情况下，是买方租船，如买方租的船未能准时抵达装运港，使卖方不能在装运期间内合理地把货物装上船舶，有案例判买方是违约行为，卖方可以要求损害赔偿。

（3）租的船舶应适合货物的要求。例如，在运输某种食品的货物时，有通风的要求。在运输一定长度的货物时，要求船舱中没有障碍等。

8. 由于提单是船方印制的，而租船合同是出租人与承租人商定的，有时就会发生提单的内容与租船合同的规定不同的情况。在出现这种冲突时，应以哪个规定为准呢？在实践中是区分不同的关系人来确定提单和租船合同的效力。当租船人为货物的托运人时，运输关系中只有承租人（托运人）与出租人两方当事人。提单在这种情况下不具有海上运输合同证明的性质，提单只具有货物的物权凭证和货物收据的作用。出租人和承租人之间的运输合同是租船合同，提单条款与租船合同冲突应归于无效。当承租人将提单转让给第三方时，提单对第三方就不仅是货物的物权凭证和货物的收据，而且还是运输合同的证明。租船合同对提单的效力，视提单中是否将租船合同并入提单而定。如提单中注有"一切条款、条件、免责和豁免以租船合同为准"的字样，则提单应受租船合同的约束，否则，不能认为提单中并入了租船合同条款。租船合同中的详细条款往往通过提单上的批注合并到提单中，所以租船合同项下的提单常比班轮提单简短。然而对于提单受让人来说，让其接受不知情的租船合同条款是不公平的。因此，提单受让人一般会要求随单附上租船合同的副本，以备查阅。

9. 装卸期间的计算应自接受准备就绪通知书若干小时后起至装/卸完毕止，但排除合同中订明不计算装卸时间的事件所用的时间。例如，"金康合同"规定，如准备就绪通知在中午之前递交，装卸期间从下午一时起算；如通知书在下午办公时间递交，装卸期间从下一个工作日上午六时起算。准备就绪通知是船方通知租船人船舶已准备就绪，可以开始装货或卸货的通知。该通知书的递交须满足两个条件，即"抵达"和"准备就绪"。

（1）抵达。一般说来，在采用港口租船合同的情况下，船舶一般应到达港口的商业区才算抵达；在采用泊位合同的情况下，船舶应到达指定的泊位。

随着航运业的不断发展及港口的使用率的提高，加之船舶造得越来越大，使得港口越来越拥挤。船舶抵港有时要在很远的地方锚泊等候数日。因此，多年的司法实践已经改变了船舶必须抵达商业区的观点，即现在船舶不一定必须抵达有装卸设备的商业区才算抵达。国际航运界在有关"港口"的理解上也趋于放宽，依波罗的国际航运公会、国际海事委员会、伦敦全国船舶经纪人和代理人协会联合会、国际干货船船东协会联合颁布的《1993 年航次租船合同装卸时间解释规则》的规定，"港口"是指船舶装货或卸货的区域，而不论是在泊位、锚地、浮筒或类似地点装货或卸货。港口亦包括船舶等待依次进港的惯常地点，以及船舶按指示等待依次进港或必须等待依次进港的惯常地点，而不管该地点与上述区域距离远近。可见，抵达惯常的等待进港的地点即可认为船舶已抵达。

泊位合同是指在租船合同中列明了装卸货物的泊位或码头的租船合同。由于泊位和码头是相对明确的概念，因此问题较少。此类合同对船方是很不利的，因此，船方常常加入其他条款，以便将抵港后不能到达泊位的时间风险转移给租船人。

(2)准备就绪。准备就绪包括两方面的含意:

其一,船舶在物理上准备就绪,指货舱适合装载合同中指定的货物。该准备不是指开航的准备,而是装船的准备,例如,燃料不足是未做好开航的准备,但对装货没有影响。装货的准备一方面是货舱的清洁,另一方面是起货机、吊杆的正常使用。如果船舶只做好了装卸租船合同下部分货物的装卸工作准备是不足够的,准备就绪是指对租船合同下全部货物的装卸准备就绪。

其二,船舶在法律上准备就绪,指已办完了各项法律上的手续。这里的手续指影响船舶进行装卸作业的手续,而并非一切法律手续。

10.关于航次租船合同的性质问题,历来存在着争议。一种观点认为,航次租船合同属于租船合同的范畴,另一种观点则认为,航次租船合同属于货物运输合同,理由是租赁合同重在使用,而运输合同重在服务。船次租船合同与提单运输一样,均由承运人或出租人负责船舶的营运组织,负责完成运输任务。承租人仅仅要求船舶所有人或出租人把货物运至目的港,船舶所有人通过其所雇用的船长和船员来占有和控制船舶,他并没有把这种权利转移给承租人,承租人取得的并不是使用收益权,他取得的是出租人提供的一种运输劳动和服务,因此,不是财产租赁合同。另外,在航次租船下,承租人支付的是运费,而不是租金。其从性质上说还是属于货物运输合同。

持前一种观点的将运输分为提单运输和租船运输:租船运输中又包括了航次租船、定期租船和光船租船。持后一种观点的则将船次租船运输纳入了货物运输的范畴。我国海商法即采用了后一种主张,将航次租船合同列为第四章海上货物运输合同的一节。但是出租人不是班轮运输的承运人,也不是公共承运人,因此,该章以特别规定的形式对航次租船合同进行了规定。与有关提单运输的规定不同,该节的规定均为非强制性的,只有在航次租船合同中没有约定时或没有不同约定时才适用。

11.定期租船合同是指船舶出租人向承租人提供约定的由出租人配备船员的船舶,由承租人在约定的期限内按约定用途使用,并支付租金的合同。定期租船合同与航次租船合同在许多方面有不同之处,首先,在营运成本上,在航次租船中由船方负担的航次成本在定期租船下转由租船人承担,因而在定期租船合同中有关于燃油消耗量、航速的规定。其次,在时间损失上,航次租船的时间损失由船方承担,因此,在航次租船合同中有关于装卸时间的规定;而在定期租船中,时间损失由租船人承担,因此,定期租船合同中有关于停租的规定。再次,在经营权上,航次租船由船东负责经营,而在定期租船下,船舶的经营权转归租船人,船东为了保证其船舶的安全,就会在合同中加入有关航区、可装运货物范围等航次租船合同中没有的规定。

12.国际航空货物运输是一种现代化的运输方式,它与国际海洋货物运输及铁路货物运输相比,具有如下特点:(1)运输速度快。(2)货运质量高。由于航空运输的快速,减少了货物在运输途中的时间,自然也就降低了运输中的风险。再加上集装箱的广泛应用,使得航空运输的货物货损货差较小。(3)不受地面条件限制。(4)运输费用较高。航空运输的高速决定了航空运输的费用比其他运输方式要高。因此,它最适宜运送急需物资、鲜活商品、易损物品、季节性商品、精密仪器、贵重物品等。

13. 第一部有关国际航空运输的国际多边规范最早在 1919 年达成，即管理空中航行的《航空管理公约》（也称《巴黎公约》），并设立了国际空中航行委员会。此后，一些国家又达成了若干有关国际航空运输的国际公约。这些国际公约可以划分为以下体系：芝加哥公约体系和华沙公约体系、航空刑法体系。其中，芝加哥公约体系以《国际民用航空公约》为核心；华沙公约体系以《华沙公约》为核心；航空刑法体系包括《关于航空器上犯罪和其他某些行为的公约》、《关于制止非法劫持航空器的公约》、《关于制止危害民用航空安全非法行为的公约》等。芝加哥公约体系主要规范公法行为，华沙公约体系则是规范私法行为，即专门对国际航空运输中的承运人责任作详细规定。华沙公约体系是指由 1929 年《华沙公约》及其以后的修订或补充性文件所确立的有关统一国际航空运输的实体法和程序法规则（主要是承运人责任）体系的总称。它是调整国际航空运输合同关系和承运人责任的主要法律体系。

华沙公约体系主要包括《华沙公约》、《海牙议定书》、《瓜达拉哈拉公约》以及其后的修订或补充性文件，如 1971 年《危地马拉议定书》、1975 年《蒙特利尔第一号附加议定书》、《蒙特利尔第二号附加议定书》、《蒙特利尔第三号附加议定书》、《蒙特利尔第四号附加议定书》以及 1999 年《蒙特利尔公约》。其中，《华沙公约》是这一体系的核心。

《华沙公约》是指 1929 年 10 月 12 日于华沙签订的《统一国际航空运输某些规则的公约》。1933 年 2 月 13 日起生效。我国于 1958 年 7 月 20 日递交加入通知书，同年 10 月 18 日，《华沙公约》对我国生效。

《海牙议定书》全称是《1955 年 9 月 28 日在海牙修订的 1929 年 10 月 12 日于华沙签订的统一国际航空运输某些规则的公约的议定书》。该公约于 1955 年 9 月 28 日在海牙外交会议上签订，1963 年 8 月 1 日生效。1975 年 8 月 20 日，中国交存批准书，同年 11 月 18 日对我国生效。

《瓜达拉哈拉公约》的全称是《统一非缔约承运人所办国际航空运输某些规则以补充华沙公约的公约》。由于《华沙公约》没有明确规定“承运人”的含义和范围，由此产生了对承运人概念的不同理解，直接影响承运人的责任和货主的利益。于是，国际民航组织于 1960 年 9 月 18 日在墨西哥主持召开了瓜达拉哈拉外交会议通过并签订了该公约。该公约于 1964 年 5 月 1 日生效，我国未加入。

上述三个公约在内容上是相互联系的。《海牙议定书》和《瓜达拉哈拉公约》都是以《华沙公约》为基础，但均没有改变《华沙公约》的基本原则。尽管上述三个公约在内容存在上述联系，但它们之间在效力上是相互独立的。

14. 最大诚实信用原则指国际运输货物保险合同的当事人应以诚实信用为基础订立和履行保险合同，该原则主要体现在订立合同时的告知义务和在履行合同时的保证义务上。告知在保险人一方表现为说明的义务，在被保险人或投保一方表现为如实告知义务。依我国《保险法》第 17 条的规定，订立保险合同时，保险人应向投保人说明保险合同的条款内容，投保人故意隐匿，或因过失遗漏，或为不实之说明，足以变更或减少保险人对于危险之估计者，保险人得解除合同。告知义务更突出的是对被保险人的告知。依我国《海商法》第 222 条的规定，合同订立前，被保险人应将其知道的或在通常业务中应当知道的有关影响保险人据以确定保险费率或确定是否承保的重要情况,如实告知保险人,保险人知道或者在通常业务中应当知道的情况,保险人没有询问的,被保险人无需告知。违反告知义务的,可能会导致保险合同无效和保险人有权解除保险合同的后果。在订立保险合同时,保险人不可能对每项业务均进行彻底的调查,从这个意义上讲,保险人是受投保险人支配的,因此法律上要求投保人应将有关保险人询问的保险标的的情况据实说明,如投保人没有据实告知的,保险人得解除合同。

在告知的义务上,我国保险法与《海商法》的规定不同,保险法采用的是有限告知主义,而《海商法》则采用了无限告知主义:(1)"有限告知主义",有限告知主义又称主观告知,指被保险人只需如实回答保险人的询问,如实填写投保单,即认为已尽了告知义务,因此又称"询问告知主义"。我国保险法第17条的规定与有限告知主义相似,依该条规定,订立保险合同,保险人应当向投保人说明保险合同的条款内容,并可以就保险标的或者被保险人的有关情况提出询问,投保人应当如实告知。(2)"无限告知主义",无限告知主义指对于保险人没有询问的重要情况,被保险人也须主动告知。我国《海商法》采用的是无限告知主义,《海商法》第222条规定的告知的内容并不限于投保单上所列项目和保险人所询问的事项,而是一切影响保险人是否承保及保险费率的重要情况。又依第223条的规定,由于被保险人的故意,未将"重要情况"如实告知保险人的,保险人有权解除合同,并不退还保险费。合同解除前发生保险事故造成损失的,保险人不负赔偿责任。对于被保险人非由于故意未将"重要情况"告知的,保险人也有权解除合同或者要求相应增加保险费。保险人解除合同的,对于合同解除前发生保险事故造成的损失,

保险人应当负赔偿责任,但未告知或者错误告知的重要情况对保险事故的发生有影响的除外。被保险人在履行告知义务时,应当判断何为"重要情况","重要的情况"依上述的规定即为一个谨慎的保险人在其决定保险费率或决定是否承保该项风险时,将会产生影响的情况。例如,在船舶保险中船舶的适航情况、船员的状况、船旗等情况,货物保险中货物的性质及其真实价值等均属于"重要的情况"。

保证是最大诚实信用原则的另一项重要内容,保证源于英国保险法,保证是保险合同中被保险人为了享受合同权利而承诺做出某些行为或不行为的规定。违反保证,保险人有权解除合同。保证有明示保险和默示保险之分,明示保证是在保险合同中明示约定的,默示保证虽然在合同中没有明确约定,但依法律或惯例认为被保险人对某一事项应作为或不作为的为默示保证。保险人要求被保险人承诺某种保证的主要原因在于,使被保险人能确保良好的管理状态,确保未经保险人同意不得从事超过约定风险的活动。在保险合同的履行过程中,被保险人不能破坏保证,一旦破坏保证,就会导致保险单失效。

15. 损失补偿原则指在保险事故发生而使被保险人遭受损失时,保险人必须在责任范围内对被保险人所受的实际损失进行补偿。国际运输货物保险合同属于补偿性的财产保险合同,因此,在发生超额保险和重复保险的情况下,保险人只赔偿实际损失,因为保险的目的是补偿,而不能通过保险得利。依该原则,被保险人不应该获得多于实际损失的补偿,其目的一是防止被保险人从保险事故中赢利;二是减少道德危险,避免故意制造损失赔偿。这样的规定可使投保人对财产的安全加以保护,同时也维护了保险人的权利,防止偿付不

诚实的、不必要的赔款。

及时赔偿原则要求保险人对合同约定范围内的保险赔偿，必须及时支付，使得被保险人及时恢复到受损前的经济状况，不致发生经济困境。经济损失能够得到及时填补是财产保险的根本目的所在。相反，保险人不及时核赔，或核而不赔，或违约拒赔，则与保险的根本目的背道而驰，也有害于保险制度的社会信誉。除《海商法》第237条和《保险法》第23条均明确规定了保险人及时赔偿义务外，《保险法》第23条和第25条还进一步作了如下具体规定：其一，保险人须在完成核赔和同被保险人就保险赔偿达成协议后10日内，支付保险赔偿；其二，如果案情复杂，不能迅速结案，在被保险人提赔后60日内，对根据被保险人已提供的证据和材料可以确定的最低保险赔偿额，保险人有义务先行支付；其三，保险人违反及时核保和支付义务的，被保险人或受益人有权请求因此遭受的损失。

随着保险事业的发展，以及投保人对保险要求的扩大，在当代保险业务中，出现了实际损失补偿原则的例外情况：(1)定值保险。定值保险指保险人与被保险人约定保险标的的价值，并依该价值确定保险金额，收取保险费的保险。不定值保险是符合损失补偿原则的，而定值保险可能在赔偿时，赔偿额可能是大于保险标的实际价值的，因为依定值保险，保险价值是在投保时就约定好了的，在出险时即使实际价值低于约定的价值也不会改变，在被保险人进行了足额保险的情况下，所得到的赔偿就会超过其实际损失。由于运输中的货物的流动性及国际货物贸易市场的不稳定性，在国际海洋运输货物保险常采用定值保险的方式，其保险金额中除货价外，还含有运费、保险费以及预期利润等内容。(2)重置重建保险，自第二次世界大战以

来，为适应投保人的需要，保险人同意对房屋、机器按特定的价值进行保险，即按超过实际价值的重置重建价值签订保险合同。假如一被保险人按重置重建价值投保了一幢厂房和机器设备，一旦遭受全损，那他就能得到重置重建原样的厂房和原有机器设备的保险补偿，但不能好于或大于原有的状况。

运输货物保险合同是一种损失补偿合同，因此，在发生超额保险和重复保险的情况下，保险人只赔实际损失，理由是不能通过保险得利，而且对于被保险人来说，在超额保险中超过保险标的实际价值的部分，被保险人也没有可保利益。超额保险是指保险金额高于保险价值的保险。重复保险指被保险人就同一个保险标的的同一保险事故向几个保险人重复订立保险合同，而使该保险标的的保险金额总和超过保险标的的价值的保险。我国《海商法》第225条明文规定，在发生超额保险的情况下，被保险人获得的赔偿金额总和不得超过保险标的的受损价值。各保险人按照其承保的保险金额同保险金额总和的比例承担赔偿责任。任何一个保险人支付的赔偿金额超过其应当承担的赔偿责任的，有权向未按照其应当承担的赔偿责任支付赔偿金额的保险人追偿。

16.保险合同的转让指被保险人将其在保险合同中的权利转移给第三方的行为。保险合同的转让分为需经保险人同意的转让和不需经保险人同意的转让。海上运输货物保险合同的转让不需经保险人的同意。

(1)需经保险人同意的转让。一般的保险合同的转让都应经保险人的同意并进行书面批改后，才能取得赔偿权利。主要考虑的是被保险人的个人素质、道德品质、管理水平、财务状况等因素。《保险法》第

20 条第 1 款规定:在保险合同有效期内,投保人和保险人经协商同意,可以变更保险合同的有关内容。《海商法》第 230 条规定的船舶保险合同的转让也是需经保险人同意的转让。如上所述,一般保险合同的转让均应经保险人的同意,因为保险人承保的责任的风险大小与被保险人本人的因素有关,不同的被保险人,保险合同约定的承保条件常常不同,例如,一个经营管理良好的船舶所有人,其船舶的出险率就会低于一个经营作风恶劣的船舶所有人,后者的保险费率当然也会高于前者,因为船舶所有人的经营作风对船舶的安危会产生很大的影响。《海商法》第 230 条对需经保险人的同意才可转让的船舶保险合同进行了规定,依该条的规定,因船舶转让而转让船舶保险,应当取得保险人同意。未经保险人同意,船舶保险合同从船舶转让时起解除;船舶转让发生在航次之中的,船舶保险合同至航次终了时解除。合同解除后,保险人应当将自合同解除之日起至保险期间届满之日止的保险费退还被保险人。

（2）不需经保险人同意的转让。《海商法》第 229 条规定的转让是不需经保险人同意的转让。依该条的规定,海上运输货物保险合同的转让不需经保险人的同意,可以由被保险人背书或者以其他方式转让,合同的权利和义务也随之转移。合同转让时尚未支付保险费的,被保险人和合同受让人负连带支付责任。海上运输货物保险合同的转让不需经保险人的同意是由此类保险的保险标的流动性决定的,因为运输中的货物在途中其所有权可能因提单的转让而多次转移,此外,货物在运输过程中,货物已在承运人管辖范围,危险发生的可能与被保险人没有直接的关连。这样就不会影响商品的流通和正常贸易。所以,运输货物保险合同的转让不象固定财产的

保险那样需要征得保险人的同意。值得注意的是:当保险合同主体变更时,其权利义务当然也随之转移,如原被保险人在货物转让之前没有支付保险费,那保险合同转让后,受让人就有支付保险费的义务。

保险单是保险合同的书面证明,海上运输货物保险合同的转让一般就是保险单的转让,保险单的转让有两种形式,一种是空白背书的方式,即由保险单抬头署名的被保险人在保险单后面背书,此保险单即可随着货物所有权的转让而一起转让。另一种方式为指名背书,即在背书时明确受让人的一种背书方式。

17. 保险合同的终止是指保险合同依法成立后,依照法律规定或者双方约定,消灭双方权利义务关系的情况。引起合同终止的情况主要有以下几种:

（1）自然终止。自然终止指保险单规定的保险期限届满,保险人的保险责任即告终止的情况。自然终止是保险合同终止最普通的原因。在保险单到期以后再续保并不是原保险合同的延长,续保所订的保险合同是一个新的保险合同。

（2）协议终止。协议终止指由合同双方协议在保险单上订明在保险合同自然终止前终止保险合同。例如,在船舶战争保险合同中规定"在发出通知后 14 天终止船舶战争险责任"。战争险所承保的一般为和平时期的战争风险,因此,在办理战争险的保险时,一般会列明一些除外的地区,被保险人的船舶在这些除外的地区遭遇战争风险,保险人是不负责赔偿的。对于战争风险较大的地区,必须额外加收保险费,保险人才有可能承保,否则,保险人的风险就会过大。船舶战争险的保险合同期间通常为 1 年,在 1 年的合同期中,有可能某一地区突然出现了战火,所以保险合同通常约定如果在 1 年的合同期内,某个未除外的

地区突然打起仗来，保险人就会发出通知，规定在 14 天后终止该保险合同，在这 14 天内如在这些非除外但出现了战火的地区因战争风险损失的船舶，保险人仍然予以赔偿，14 天以后，合同终止。在此以后订立的合同，该新出现战火的地区就会成为新的被除外的地区，如果一定要前往该地区，并需要保险的话，被保险人就得增加保险费。

（3）义务已履行而终止。依保险单的规定，保险人已履行了赔偿责任，保险单的责任即告终止。例如，在船舶保险中，船舶在保险期限内由于保险人所承保的风险而造成全损，保险人向其给付了全部的保险金额后，该保险合同即告终止。

（4）违约终止。违约终止指因被保险人的违约行为而终止合同，如被保险人破坏了保险合同中的航区保证，使保险标的所面临的危险发生了变动，从而构成违约，导致保险合同终止。

（5）标的因非承保原因而灭失。在保险标的因保险事故之外的原因而灭失时，保险合同即终止。

18．保险期限是保险人承担对海洋运输货物赔偿责任的期间。中国人民保险公司海洋货物保险条款主要以"仓至仓条款"，"扩展责任条款"，"航程终止条款"和"驳运条款"来确定保险人的责任起讫。仓至仓条款规定保险人的责任自被保险货物运离保险单所载明的起运地仓库开始，到货物运达保险单载明的目的地收货人的最后仓库时为止。

1995 年出版的我国第一部解释保险条款及费率的工具书《保险条款费率辞释大全》对人保的海洋运输货物保险条款中的"仓至仓"责任的起始时间解释如下：（1）货物在保险单载明起运地发货人仓库尚未开始运输时所受的损失，本公司不负责任。（2）货物一经运离上述发货仓库，保险责任即告开始，本公司按照货物所保险别规定的责任范围予以负责。（3）货物运离发货人仓库，不是直接装船，而是先放在承运人机构例如外贸运输公司的仓库里等候装船，在这个期间，货物遭受到保险责任范围内的损失，本公司予以负责。（4）货物在装船前存放在港区码头仓库待运期间，如果发生损失，已出保险单或已办投保手续的，本公司按保险险别负责。（5）有些外贸公司在港区码头设有专用仓库，货物从该外贸公司市内仓库运入该专用仓库等候装船，虽然同为发货人仓库，但后者并非"仓至仓"条款所指的起运仓库，应视为承运机构仓库性质，如发生保险责任的损失，也应负责。（6）若发货人自己没有固定的仓库，而是临时租用承运机构仓库或是港区码头仓库，直接将货物集中储于上述仓库等候装船，则上述仓库应视为发货人仓库，货物储存期间发生损失，不属保险责任。

为防止货物抵达目的港后，耽搁过长而不运入保险单上载明的收货人仓库，使保险人的责任过大，仓至仓条款一般都附有时间的限制，规定如货物未抵达收货人的仓库或储存处所，则保险人的责任以被保险货物在最后卸货港全部卸离海轮后满 60 日为止。保险人的责任具体应在哪一点终止，应依实际情况而定：（1）当保险单载明的目的地是卸货港时，如收货人提货后运进其仓库，保险责任终止。如收货人提货后未运进其仓库，而是对其货物进行分配、分派或分散转运，保险责任从分配时终止。（2）当保险单载明的目的地为内陆仓库时，保险责任应于货物运抵内陆仓库时终止。（3）保险单载明的目的地为内陆仓库，而收货人在提货后并未运往仓库，而是在中途进行分配、分派或分散转运，则保险责任从分配时终止。

四、论述题

1. 海运保函概括起来有下列几种:

(1)为提货出具保函。依国际航运惯例,承运人在目的港必须凭正本提单交付货物,而在实践中由于提单流转环节多,速度慢,而运输速度则随着科技的进步越来越快,特别是短途运输所需时间较短,往往造成货物运抵目的港而提单还未到达收货人之手的情况,致使收货人无法在货物到港后凭正本提单将货物及时提走,既影响了承运人和收货人的经济效益,又将使大量货物滞留港口,增加了港口的压力。为了解决上述困难,避免给有关方面造成经济损失,航运实务中出现了以正本提单以外的其他单证连同保函提货的做法。目前这个提货方式已普遍存在,很多国家默认了这一做法,有的国家甚至以政府法令的形式肯定了这一做法。尽管保函放货违反了正本提单提货的国际航运惯例,但其作为解决凭正本提单放货困难的一种权宜之计,在实践中不无合理性,它对于加速商品流通,提高经济效益具有一定的积极意义。这种保函有善意与恶意之分:第一,恶意保函。在承运人与提货人恶意串通欺骗收货人,提货人不是货物的将来所有权人,而是以骗取货物为目的将货提走,承运人明知提货人不是货物的买主而将货放走,致使货物的真正所有权人持正本提单提不到货物,也就是说承运人明知如此放货必定会导致对第三人的损害而追求或放任损害结果的发生,属主观上的故意,那么承运人不仅要赔偿收货人的全部经济损失,而且承运人和提货人之间订立的保函也因其具有欺诈性而归于无效,承运人也不得依保函向提货人索赔。第二,善意保函。在因凭保函加副本提单错交货物的情况下,承运人承担什么责任的问题上是有争论的,一种认为这是欺诈,另一种则认为承运人在主观上无恶意,因此只能承担过失责任。因为一般而言,承运人凭保函放货只是为了解决上述凭正本提单放货的实际困难。在主观认识上,承运人认为提货人即为提单收货人。如果这种判断正确,提货人和提单收货人一致,则交货准确。发生提货人和提单收货人不一致的情况,一方面是提货人本不是提单收货人而冒充提单收货人骗取货物,或者,提货人本是该批货物的买方,由于提货人提取货物之后没有及时到银行付款赎单;另一方面是承运人对提货人的资格审查不严格或过于相信提货人即为收货人所致,这属于民法上的过失。过失并不构成欺诈,欺诈首先必须是故意,从承运人的地位上看,承运人错交货势必受到提单收货人的追偿,且不能享受责任限制,承运人并不希望错交事实的发生,并不存在欺诈的故意。当然,承运人不凭正本提单放货给提货人骗取货物提供了可乘之机,是提单收货人提不货物的原因之一,承运人应承担过失责任,赔偿提单收货人的经济损失,但是,并不能以承运人的过失否定保函的效力,承运人赔偿提单收货人的经济损失后可以依保函向提货人索赔。

(2)为取得清洁提单而出具的保函。此类保函也有善意和恶意之分:第一,善意保函。有的情况下承运人接受保函签发清洁提单并不是对收货人存心欺诈,而是因为某些客观条件的限制,如缺乏识别手段或计量工具,或者货物外表虽有瑕疵,但程度轻微,这种轻微的瑕疵可能是买卖合同所允许的,买方应该接受,收货人不会因此对承运人提出异议,此时,承运人虽有批注的权利,但行使此项权利并无必要,反而会阻碍贸易的顺利进行。在这种情况下,承运人接受保函免去提单上的批注,并不是对收货人的恶意欺诈,而是因为认识上的偏差或限制造成,在此背景下订立的保函应视为有效,承运人如果受到索赔,可以通过保函从托运人或其保证人处得到补偿。第二,恶意保函。在托运人与承运人明知货物的表面状况有瑕疵仍以保函换取清洁提单的情况下,此种保函是一种恶意保函。此种保函无效,承运人在对收货人承担责任后不得依法依保函向托运人索偿。即保函强制的效力,但也有托运人自己愿意履行的情况,在这种情况下也就不会出现承运人告托运人的情况了。

(3)为预借提单和倒签提单而出具保函。提单中注明的装船日期早于实际装船的日期就称为倒签提单。承运人应托运人的要求倒签了提单,实际上就隐瞒迟延交货的责任,构成了对收货人的欺诈行为,日后须对因此而引起的损失负责。预借提单是当信用证规定的有效期即将届满,而货物还未装船时,托运人为了使提单上的装船日期与信用证规定的日期相符,要求承运人在货物装船前签发的已装船提单。预借提单在议付时,货物实际上可能还未装运,使信用证对装货这一环节的制衡力丧失,无法保证货物的准时到达。预借提单与倒签提单一样,都是掩盖了货物的实际装船日期,从而避开了迟延交货的责任。由于倒签提单和预借提单均为欺诈行为,因此,为预借提单和倒签提单而出具保函均为无效保函。在实践中,在信用证即将到期,而托运人又不能如期装船的情况下,正确的处理方法是要求修改信用证。

2.《海牙规则》、《维斯比规则》和《汉堡规则》均是关于海上货物运输的公约,三个公约在承运人的责任原则、责任期间、责任限额、免责等方面有不同的规定,主要表现在:

(1)承运人的责任原则。《海牙规则》在承运人的责任上采用的是不完全过失责任。因为承运人对于航行过失引起的损失可以免责。而《汉堡规则》在承运人的责任上采用的则是完全过失责任。《海牙规则》和《汉堡规则》规定的承运人的责任均为过失责任,但由于《海牙规则》有关于承运人航行过失免责的规定,因此是一种不完全的过失责任制。《汉堡规则》取消了承运人对航行过失的免责,因而是完全的过失责任制。同时,《汉堡规则》还采用了推定过失责任制,即在货损发生后,先推定承运人有过失,如承运人主张自己无过失,则必须承担举证的责任。另外,《汉堡规则》不但取消了承运人对船长、船员等在驾驶船舶或管理船舶上的过失免责,也取消了火灾中的过失免责。海运发达国家在火灾免责的废除上是持反对态度的,妥协的结果是将火灾的举证责任推给索赔人,即由索赔人举证承运人一方有过失。依《汉堡规则》的规定:承运人对火灾所引起的灭失、损坏或延迟交付负赔偿责任,但索赔人需证明承运人、其受雇人或代理人有过失。然而,由于货物在承运人的掌管之下,特别是当船舶在航行途中时发生的火灾,货方是很难举证的。因而,可以说承运人仍然可以间接享受到火灾的免责。

(2)承运人的责任期间。依《海牙规则》第1条第5项的规定,承运人的货物运输责任期间为从货物装上船起至卸完船为止的期间。这里是否包括了装船和卸货的过程并不清楚,结合上述承运人“装载”和“卸货”和责任可以看出,该两个过程应该包括在内。至于装卸货从哪一点开始到哪一点为止,条文也未明确规定。在实践中,多将其理解为钩至钩责任。在使用岸吊的情况下,以船舷为责任期间的起止点。在使用驳船装卸货时,一般的解释是承运人的责任期间是从货物挂上船上吊钩起,至货物卸至驳船上止的期间。《汉堡规则》规定承运人的责任期间为货物在装货港、运送途中和卸货港在承运人掌管下的期间。与《海牙规则》相比,在《汉堡规则》下,承运人的责任期间是在装港和卸港向两头延长了,即承运人"收货"到"交货"的全部期间。

(3)承运人的赔偿责任限额。《海牙规则》第4条第5款规定,承运人对货物的灭失或损失的赔偿责任,在任何情况下每件或每单位不得超过100英镑,但托运人于装货前已申明该货物的性质和价值,并在提单上注明者不在此限。

《维斯比规则》采用了双重责任限额制,即对货物的灭失或损害责任以每件或每单位10000金法郎或每公斤30金法郎为限,两者以高者计。双重责任限额给了货方选择的余地,使货方在货物单件较重的情况下能获得较高的赔偿。在采用货币币种的问题上,《维斯比规则》吸取了《海牙规则》因采用某国货币而引起种种贬值问题的教训,未使用某国的货币单位,而是采用了金法郎。金法郎为含纯度为900/1000的黄金65.5毫克的计算单位。关于成组运输工具的责任限制问题,《海牙规则》并未涉及,因为当时还没有这种方式的运输。为了适应使用集装箱等成组运输工具运输的发展,《维斯比规则》增加了关于在该类运输中件数的确定方法的规定。该规则规定如果货物是以集装箱、托盘或类似的运输工具集装的,则提单中载明的内装件数就是计算赔偿限额的件数。如提单上未注明内装件数,则以成组运输工具的件数为计算赔偿限额的件数。

《汉堡规则》提高了承运人的最高赔偿限额,规定承运人对货物灭失或损坏的赔偿责任限额为每件或每单位835特别提款权,或每公斤2.5特别提款权,以高者为准。《汉堡规则》也采用了对货主有利的双重责任限额。为了解决货币贬值问题,《汉堡规则》采用特别提款权为计算责任限额的单位。特别提款权是国际货币基金组织创设的一种储备资产和记帐单位。创设时1特别提款权等于0.888671克纯金。此外,公约还规定,如货损是由于承运人、其雇用人或代理人故意造成的,则将丧失责任限制的权利。

(4)承运人的免责。《海牙规则》规定的承运人的免责共有17项,依第4条第2款的规定,对由于下列原因引起或造成的货物的灭失或损害,承运人不负责任:船长、船员、引水员或承运人的雇用人在驾驶或管理船舶中的行为、疏忽或不履行职责。火灾,但由于承运人实际过失或私谋所造成者除外。海上或其他可航水域的风险、危险或意外事故。天灾。战争行为。公敌行为。君主、统治者或人民的扣留或拘禁或依法扣押。检疫限制。货物托运人或货主、其代理人或代表的行为或不行为。不论由于何种原因引起的局部或全面的罢工、关厂、停工或劳动力受到限制。暴乱和民变。暴乱指公众骚乱。民变为聚众非法制造混乱的行为。救助或企图救助海上人命或财产。由于货物的固有瑕疵、性质或缺陷所造成的容积或重量的损失,或任何其他灭失或损害。包装不当。标志不清或不当。尽适当的谨慎所不能发现的潜在缺陷。不是由于承运人的实际过失或私谋,或是承运人的代理人或受雇人员的过失或疏忽所引起的任何其他原因。上述最重要的是航行过失免责,《汉堡规则》取消了航行过失免责,加重了承运人的责任。

(5)在迟延交货的责任上。《海牙规则》没有规定延迟交货的责任,承运人为了避免货方向其索赔因延迟交货引起的损失,常常在提单中加入延迟交货的免责条款。货方因此也很少就延迟交货向承运人索赔。《汉堡规则》规定承运人应对延迟交货负责。延迟交货指未在约定的时间内交付,或在无约定的情况下,未在合理的时间内交付。承运人对延迟交货的赔偿责任限额为迟交货物应付运费的 2.5 倍,但不应超过应付运费的总额。

(6)关于保函的效力。保函是托运人为了换取清洁提单而向承运人出具的保证赔偿承运人因此而造成损失的书面文书。由于保函常常带有欺诈的意图,以往的案例通常判保函无效。《汉堡规则》第一次在一定范围内承认了保函的效力,这主要是考虑到在托运人与承运人对货物的数量等有分歧,而又无从查验时,出具保函可以免去许多麻烦,也是商业上的一种习惯的变通做法,但为了抑制保函的作用,公约规定:托运人为了换取清洁提单可向承运人出具保函,保函只在托运人与承运人之间有效。如保函有欺诈意图,则保函无效,承运人应赔偿第三者的损失,且不能享受责任限制。

(7)货物的适用范围。《海牙规则》不适用于舱面货和活牲畜。关于舱面货,《汉堡规则》规定,承运人依协议、惯例、法律的要求,有权在舱面装货,否则承运人应对将货物装在舱面上造成的损失负赔偿责任。关于活牲畜,《汉堡规则》规定,活牲畜的受损如是因其固有的特殊风险造成的,承运人可以免责,但承运人须证明已按托运人的特别指示办理了与货物有关的事宜。

(8)关于承运人与实际承运人的关系。《海牙规则》只有承运人的概念,没有关于实际承运人的规定,也没有对在转船、联运和租船进行班轮运输的情况下承运人的责任作出规定,以致订约承运人常常以自由转船等条款逃避在部分航程中或全部航程中的货损责任。受委托的实际承运人也可以非订约承运人为由拒绝货方的索赔。《汉堡规则》第 10 条规定:即使订约承运人将全程运输或部分运输委托给实际承运人,订约承运人仍应对运输全程负责。如承运人和实际承运人都有责任,则两者负连带责任。

(9)诉讼时效。《海牙规则》在诉讼时效上规定,货方对承运人或船舶提起货物灭失或损害索赔的诉讼时效为 1 年,自货物交付之日起算,在货物灭失的情况下,自货物应交付之日起算。《维斯比规则》对《海牙规则》第 6 条作了两点修改:(1)诉讼时效为 1 年,双方协商,可以延长时效。(2)对第三者的追偿诉讼,在 1 年的诉讼时效期满后,仍有 3 个月的宽限期。依公约的规定,在对第三者的追偿诉中,只要在受诉法院所在地法律允许的期间之内,即使上述 1 年的时效届满仍可起诉,但允许的时间自提起此种诉讼的人已解决索赔案件,可向其本人送达起诉状之日起算,不得少于 3 个月。对第三者的追偿诉讼,例如,在租船运输的情况下,承运人在向提单持有人赔偿后,还要依租船合同向责任方追讨。这里因为包含了两个诉讼,所以需要的时间效长。《维斯比规则》针对这一情况规定了一个宽限期。《汉堡规则》规定的诉讼时效为 2 年。自承运人或实际承运人交付货物或交付部分货物,或者自应交付货物的最后 1 日起算。被索赔人可在上述诉讼时效期间之内向索赔人提出延长时效的书面声明,而且可通过再次声明进一步延长时效。此外,承运人向收货人赔付后在向第三方追偿时,即使上述时效已届满,仍可在诉讼所在国法律许可的时间内提起诉讼,但所许可的时间,自起诉人已解决对其索赔的案件,或已接到向其本人送达的起诉状之日起算,不少于 90 天。

五、案例分析题

1.(1)本问答案是肯定的。承运人签发了清洁提单即表明其收到货物时货物没有问题,承运人应对途中受到的损失负责。如果承运人在装货时已发现货物有问题,承运人就不应签发清洁提单,这样收货人的货款也不会付出。在承运人依保函签发清洁提单的情况下,使提单在跟单信用证机制中的制衡作用被破坏。因此,承运人必须对依保函签发清洁提单的后果承担责任。

(2)本问答案是否定的。因为本题保函无效,且即使是有效保函,也不能对抗第三人。

(3)本问答案是否定的,本题投保的是水渍险,水渍险不包括雨水造成的损失。

2.(1)本问答案是肯定的。本案承运人以保函倒签了提单,应对因此而造成的延迟交付负责。因此乙公司可以向承运人提出索赔。

(2)本案属于倒签提单的行为,即将实际装船的日期前提的行为。

(3)本问答案是否定的。水渍险并不承保因延迟交付造成的损失。因此乙公司不应向保险公司提出索赔。

3.(1)国际海上货物运输中,提单是承运人保证据以交付货物的凭证,持有提单就拥有对提单项下货物的物权。原告马江支行作为开证银行,根据信用证关系承兑付款后,在开证申请人未付款赎单的情况下,合法持有提单,就拥有提单项下货物的物权。船务公司违反法定义务,将货物交付给非提单持有人,侵犯了马江支行的合法权益。

(2)船务公司违反了依正本提单放货的法定义务,应对由此给马江支行造成的损失承担责任。因此,马江支行应起诉船务公司。

第四章 国际货物支付

一、不定项选择题

1. 下列选项中,哪一个是付款人在持票人向其提示汇票时应立即付款的汇票?( )

   A. 远期汇票

   B. 银行远期汇票

   C. 银行即期汇票

   D. 商业远期汇票

2. 付款人表示接受出票人的付款指示,同意承担付款义务而将此意思记载于汇票上的行为是下列哪种票据行为?( )

   A. 付款 B. 提示

   C. 承兑 D. 追索

3. 在国际贸易的支付中,以一般的商业信用为基础,收款人以自己的名义开出的汇票为凭证,委托第三者(银行)代为向在外国的付款人收款的支付方式是下列哪种支付方式?( )

   A. 信用证 B. 电汇

   C. 托收 D. 票汇

4. 依《跟单信用证统一惯例》(UCP600)的规定,经受益人申请,银行将信用证金额全部或部分转让给一个或一个以上的受益人时,必须在信用证上注明下列哪项内容?( )

   A. 可分割 B. 可转让

   C. 可过户 D. 可转移

5. 下列哪一项是出票人于见票时或某一确定的将来时间,向某人或其指定的人无条件地支付一定金额的书面承诺?( )

   A. 汇票 B. 支票

   C. 本票 D. 票汇

6. 国际贸易如采用信用证方式支付货款,汇票上的付款人应该注明下列哪一方的名称?( )

   A. 买方名称

   B. 开证行名称

   C. 买方往来银行名称

   D. 议付行名称

7. 委托人开立附货运单据的汇票,凭跟单汇票委托银行向付款人收款,代收行在买方付清货款后才将货运单据交给买方的付款方式是下列哪一种付款方式?( )

   A. 付款交单 B. 承兑交单

   C. 光票托收 D. 票汇

8. 支票是银行为付款人的见票即付的书面凭证,从性质上讲,支票属于下列哪种特殊的票据?( )

   A. 本票 B. 汇票

   C. 期票 D. 信用证

9. 信用证支付方式中的受益人在国际货物贸易中,通常是下列哪一当事人?( )

   A. 买方 B. 提单的受让人

   C. 收货人 D. 卖方

10. 某汇票上载明的付款时间是"出票后3个月付款",该汇票属于下列哪种类型的票据?( )

   A. 即期汇票 B. 远期汇票

C. 期票　　　　D. 支票

11. 持票人在汇票背面签名并将汇票交付受让人的行为称为下列哪种行为?（　）

A. 出票　　　　B. 背书
C. 提示　　　　D. 承兑

12. 信用证是银行依开证申请人的请求,开给下列谁的一种保证银行在满足信用证要求的条件下承担付款责任的书面凭证?（　）

A. 付款人　　　B. 议付行
C. 买方　　　　D. 受益人

13. 中国某进出口 A 公司与西班牙 B 签订了一批货物的进口合同,以信用证方式付款,价格条件为 FOB,由 C 公司承运,该批货物投保了一切险。货到目的港后,中国 A 公司发现这批货物的内在质量与合同的质量要求不符,遂请求银行不要议付,而 B 公司提交的议付单据则与信用证的要求一致。下列选项哪些是正确的?（　）

A. 银行可以不向 B 公司议付,因为 B 公司提供的货物的内在质量与合同要求不符

B. A 公司可以向 C 公司索赔

C. A 公司可以向保险公司索赔

D. 只要单据与信用证一致,银行就应付款,A 公司可以向 B 公司索赔

14. 汇票的提示行为是指下列哪种人将汇票提交付款人,要求付款或承兑的行为?（　）

A. 指定银行　　B. 付款人
C. 汇票持有人　D. 出票人

15. 由卖方开具远期汇票,通过银行向买方作承兑提示,买方承兑后于汇票到期日再付款交单的方式叫做下列哪种方式?（　）

A. 信汇

B. 远期付款交单
C. 承兑交单
D. 承兑付款交单

16. 开证行开出的信用证又经另一家银行保证兑付的信用证属于下例哪种信用证?（　）

A. 可转让信用证
B. 光票信用证
C. 保兑信用证
D. 可撤销的信用证

17. 汇出行受汇款人的委托,开立以汇入行为付款人的银行即期汇票,由汇款人自行寄交收款人凭以向汇入行收取汇款的国际贸易支付方式称为下列哪种付款方式?（　）

A. 信汇　　　　B. 电汇
C. 票汇　　　　D. 银行信用证

18. 采用信用证支付方式的前提条件是下列哪项?（　）

A. 国际货物买卖合同的双方在买卖合同中明确规定采用信用证方式付款

B. 国际货物买卖合同中的卖方已经采用托收的支付方式,但未能取得约定款项

C. 国际货物买卖合同中的买方已向开证行支付了约定的货款

D. 国际货物买卖合同中的卖方已经将货物发运

19. 在下列哪种支付方式下,信用工具的传递与资金的转移方向相反,因此俗称为逆汇法?（　）

A. 托收　　　B. 买方直接付款
C. 票汇　　　D. 电汇

20. 开证申请人与开证银行之间属于下列哪种关系?（　）

A. 开证申请人与开证银行之间属于托收合同关系

B. 开证申请人与开证银行之间属于

买卖合同关系

C. 开证申请人与开证银行之间没有直接关系

D. 开证申请人与开证银行之间属于委托合同关系

21. 在托收这种支付方式中,委托人与托收行以及托收行与代收行之间均为下列哪种关系?( )

A. 买卖合同关系

B. 债权债务关系

C. 委托代理关系

D. 雇佣合同关系

22. 托收方式中的委托人又称出票人,是开立汇票委托银行收款的债权人,在国际贸易中通常为下列哪一当事人?( )

A. 买方　　　B. 承运人

C. 卖方　　　D. 议付货款的银行

23. 下列哪些行为属于国际贸易支付中的拒付?( )

A. 付款人拒绝承兑

B. 付款人破产

C. 付款人死亡

D. 付款人避而不见

24. 某国 A 公司(卖方)与中国 B 公司(买方)订立了一份向中国进口化肥的合同。合同规定,1994 年 1 月 30 日前开出信用证,2 月 5 日前装船。1 月 28 日买方开来信用证,有效期至 2 月 10 日。由于卖方按期装货发生困难,故电请买方将装船期限延至 2 月 15 日并将信用证有效期延长至 2 月 20 日,买方回电表示同意,但未通知开证银行。2 月 14 日货物装船后,卖方到银行议付时,遭到拒绝。关于本案,下列选项中正确的是哪几项?( )

A. 银行不能拒付,因为信用证的装船期限已经延至 2 月 15 日,实际装船日与之相符

B. 银行有权拒付,因为单证不符,买

卖双方修改买卖合同并未通知银行

C. 对信用证的修改只要买卖双方同意即可

D. 本案开证申请人应为中国 B 公司

25. 中国 A 公司与美国 B 公司签订了向美国出口农产品的合同,付款方式为 D/P("付款交单")。提单由中国外轮代理公司上海分公司签发,签发后提单交发货人。按 D/P 付款方式,发货人把提单交到中国银行上海分行(托收行),上海分行委托美国某商业银行(代收行)代收,由该商业银行通知收货人,收货人拿到钱到该银行赎单。现假设出现 B 公司未付款赎单即将货物提走。请问下列选项中哪些是正确的?( )

A. 美国商业银行在本案中有过错,应对未付款赎单承担责任

B. 承运人在本案中有过错,应对无单放货承担责任

C. 依付款交单方式,银行只有在付款人承诺付款的情况下才能交单

D. 代收行在本案中无过错

26. 下列哪项属于国际贸易中的支付工具?( )

A. 货币　　　B. 票据

C. 托收　　　D. 信用证

27. 下列汇票中,属于远期汇票的是哪几项?( )

A. 见票即付的汇票

B. 载明付款的具体日期的汇票

C. 出票后定期付款的汇票

D. 见票后定期付款的汇票

28. 关于信用证欺诈例外原则,下列说法中正确的有哪些?( )

A. 信用证欺诈例外原则是在否认信用证独立于买卖合同原则的基础上提出来的

B. 信用证欺诈例外原则是在承认信

用证独立于买卖合同原则的同时,针对国际贸易中不断发生的信用证欺诈提出的一项例外原则

C.信用证欺诈例外原则指的是如果在银行对卖方提交的单据付款或承兑以前,发现或获得确凿证据,证明卖方确有欺诈行为,买方可以请求法院向银行颁布禁止令,禁止银行付款

D.信用证欺诈例外原则首先是在英国法院的判例中提出来的

29.根据 UCP600 号的规定,下列表述哪些是正确的?(　　)

A.信用证是不可撤销的,即使未如此表明

B.保兑信用证由保兑行与开证行共同负责,但开证行仍然承担首先付款责任

C.信用证未加注明的,视为可转让信用证,并且如信用证注明"可分割"、"可分开"、"可过户"、"可转移"等字样,也表明信用证为可转让信用证

D.信用证转让给一个以上的第二受益人时,其中某个或某些第二受益人拒绝接受信用证的修改,不影响其他第二受益人接受修改

30.在信用证付款中,通知行负有下列哪些责任?(　　)

A.如不接受委托,必须不迟疑地告之开证行

B.对双方当事人交易的货物的质量负责

C.合理谨慎地审核信用证的表面真实性

D.合理谨慎地审核信用证的实质真实性

31.关于托收,下列选项中哪些是正确的?(　　)

A.从信用性质上看,托收属于银行信用

B.从信用性质上看,托收属于商业信用

C.付款交单和承兑交单相比,承兑交单对卖方来说风险更大

D.付款交单和承兑交单相比,付款交单对卖方来说风险更大

32.依国际商会 2006 年修订的《ICC跟单信用证统一惯例》(UCP600 号)的规定,下列哪些选项是正确的?(　　)

A.银行应对单据的真实性作实质上的审查

B.银行对单据中货物的描述和价值不负责任

C.当事人对买卖合同的变更,除非通知银行,否则银行不予考虑

D.银行只依信用证条款审核单据,对买卖双方的诚信或履约情况不负责任

33.关于汇票的背书,下列选项中正确的有哪些?(　　)

A.背书分为记名背书和空白背书,前者背书持票人须在汇票背面写上被背书人的姓名,后者背书持票人只在汇票背面签上自己的姓名,而不填写被背书人的姓名

B.对于背书人来说,除限制性背书和免受追索背书外,合法有效的背书将使其成为票据的主债务人,须对该汇票承担首先承兑或付款的义务

C.对于背书人来说,除限制性背书和免受追索背书外,合法有效的背书将使其成为票据的从债务人,须对包括被背书人在内的所有后手保证该汇票将得到承兑或付款

D.对于被背书人来说,合法有效的背书使其取得了背书人对票据的一切权利

34.关于托收支付方式,下列表述中哪些是正确的?(　　)

A.托收行通常直接向买方收款

B. 代收行与托收行之间是委托关系

C. 由于代收行的原因致使收款不成功的,收款人可以诉代收行

D. 当付款人不付款赎单时,代收行没有义务提货

35. 2000 年 5 月,德国 A 公司与中国 B 公司订立了向中国进口 200 台电子计算机的合同,每台 CIF 上海 1200 美元,以不可撤销的信用证支付,2000 年 11 月汉堡港装船。2000 年 10 月 10 日,中国银行上海分行根据买方指示向卖方开出了金额为 24 万美元的不可撤销的信用证,委托一家德国银行通知并议付此信用证。2000 年 12 月 20 日,卖方将 200 台计算机装船并获得信用证要求的提单、保险单、商业发票等单据后,即到德国议付行议付。经审查,单证相符,银行即将 24 万美元支付给 A 公司。载货船离开汉堡港 10 天后,由于在航行途中遇上特大暴雨和暗礁,货船及货物全部沉入大海,此时开证行已收到了议付行寄来的全套单据,买方也已得知所购货物全部灭失的消息。中国银行上海分行拟拒绝偿付议付行已议付的 24 万美元的货款,理由是其客户不能得到所期待的货物。关于本案,下列选项中正确的是哪几项?(　　)

A. 开证行不应拒绝偿付议付行

B. 中国 B 公司应向保险公司提出索赔

C. 本案开证行在议付前不能随意修改或撤销其开立的信用证

D. 开证行可以由于这批货物全部灭失而免除其所承担的付款义务

36. 依《托收统一规则》的规定,在托收中银行不承担下列哪些责任?(　　)

A. 收到的款项和扣除必要的手续费和其他费用后必须按照指示书的规定无迟延地解交本人

B. 对承兑人签名的真实性需负责任

C. 除非事先征得银行同意,否则银行无义务提取货物

D. 对由于任何通知、信件或单据在寄送途中发生延误或失落所造成的一切后果需负责任

37. 下列关于信用证的表述中正确的是哪几项?(　　)

A. 信用证意味着开证行一开出信用证即不可再作修改

B. 可转让的信用证可像汇票一样连续转让

C. 在远期信用证的情况下受益人开立的是远期汇票

D. 加保兑的信用证使卖方可获得开证行和保兑行的双重保证

38. 依《ICC 跟单信用证统一惯例》(UCP600)的规定,下列哪些情况发生时,银行可以拒绝付款?(　　)

A. 买方未收到货物

B. 货物腐烂

C. 发票与提单不符

D. 交货数量与合同不符

39. 依《ICC 跟单信用证统一惯例》(UCP600 号)的规定,在信用证付款中,银行对下列哪些可以免责?(　　)

A. 银行不受买卖合同的约束或影响,不负责买卖合同的履行情况及买卖当事人的资信

B. 银行对任何单据的形式、完整性、准确性、真实性、伪造免责

C. 银行应审核受益人提交的单据在表面上符合信用证条款,而且单据之间也应相互一致

D. 银行对由于任何消息、信函或单据在传递过程中发生延误或遗失而引起的后果免责

40. 在国际货物买卖中,买方及议付

银行一般只愿意接受下列哪几种提单？（　）

　　A．已装船提单　　B．不清洁提单

　　C．备运提单　　　D．清洁提单

41．付款人承兑远期汇票的法律意义在于下列哪几项？（　）

　　A．付款人承兑远期汇票以后就成为汇票的从债务人，须在出票人不付款的情况下承担付款义务

　　B．付款人承兑远期汇票以后就成为汇票的主债务人，而出票人和背书人为从债务人

　　C．如承兑人到期不付款，持票人可以直接对其起诉

　　D．如承兑人到期不付款，持票人不能直接对其起诉，而只能向所有的前手追索

42．根据1995年国际商会修订的《托收统一规则》（UPC522号），下列选项中，哪些属于托收行对委托人、代收行对托收行负有的具体代理行为的义务？（　）

　　A．及时提示的义务，即对即期汇票应毫无延误地进行付款提示，对远期汇票必须不迟于规定的到期日作付款提示，当远期汇票必须承兑时应毫无延误地作承兑提示

　　B．保证汇票和装运单据与托收指示书的表面一致，如发现任何单据有遗漏，应立即通知发出指示书的一方

　　C．收到的款项在扣除必要的手续费和其他费用后必须按照指示书的规定无迟延地解交本人

　　D．无延误地通知托收结果，包括付款、承兑、拒绝承兑或拒绝付款等

43．就信用证当事人之间的关系而言，下列选项中有哪些是正确的？（　）

　　A．在任何情况下，开证行与受益人之间都是以信用证确定的合同关系

　　B．开证行与受益人之间并不存在对双方有约束力的合同关系

　　C．当信用证送达受益人时，在开证行和受益人之间即形成了对双方有约束力的独立合同关系

　　D．通知行和受益人之间也存在着以信用证为基础的合同关系

44．中国甲公司与加拿大乙公司订立一份从中国出口食品450公吨的合同，规定2001年4月至9月每月平均交货50公吨，即期信用证支付，来证规定货物装运前由出口口岸商品检验局出具船边测温证书作为议付不可缺少的单据之一。4月至6月交货正常，并顺利结汇。7月份因船期延误，拖延至8月5日才实际装船，在托运人出具保函的情况下，承运人签发了装船日期为7月31日的提单，但送银行议付的商检证书中填写的船边测温日期为8月5日。开证行收到单据后来电表示对这批货物拒付货款。关于本案，下列选项哪些是正确的？（　）

　　A．银行拒付没有道理，银行只负表面责任，单证相符就应付款

　　B．本案承运人倒签了提单，是对收货人的欺诈行为

　　C．银行拒付货款有道理，因为商检证书写明船边测温日期与装船日期不符

　　D．本案的开证申请人应为加拿大乙公司

45．中国甲公司与美国乙公司签订了一出口红枣的合同，合同约定货物品质为三级，信用证支付。交货时甲公司因库存三级红枣缺货，便改装二级货，并在发票上注明货品二级，货款仍按原定三级货价格计收。在办理议付时，银行认为发票注明该批货物的品级与信用证规定的三级品质不符，因而拒绝收单付款。乙公司认为该货有特殊用途，因而不能接受甲公司所交的二级货，并主张甲公司应承担未按合同

规定交货的责任。下列表述哪些是正确的?( )

A.银行可以发票与信用证不符为由拒绝收单付款

B.甲公司所交货物品级比合同规定的高,甲公司不应承担任何责任

C.银行不应拒绝收单付款

D.本案信用证的受益人为中国甲公司

46.根据出票人不同,可将汇票分为下列哪几种?( )

A. 商业汇票　　　　B. 光票

C. 银行汇票　　　　D. 跟单汇票

47.根据1995年国际商会修订的《托收统一规则》(UPC522号)关于银行免责事项的规定,下列选项中正确的有哪几项?( )

A. 代收行应对承兑人签名的真实性以及签名人是否有签署承兑的权利作实质审查

B. 代收行对承兑人签名的真实性以及签名人是否有签署承兑的权利概不负责

C. 银行对于跟单托收项下的货物无义务采取任何措施

D. 在汇票被拒绝承兑或拒绝付款时,银行有义务作出拒绝证书

48.中国甲公司(卖方)与某外国乙公司(买方)签订了一份国际货物买卖合同,合同规定采用信用证方式付款。后甲公司收到乙公司开来的不可撤销信用证,由设在中国境内的某外资银行通知并保兑。甲公司在货物装运后,正准备将有关单据交银行议付时,接到保兑银行通知,由于外国开证银行已宣告破产,该行不承担对该信用证的议付或付款责任,但可接受中国甲公司委托向乙公司直接收取货款的业务。关于本案,下列选项中正确的有哪些?( )

A. 甲公司应接受保兑行的建议直接向乙公司收取货款,因为开证行已经破产,通过信用证的支付方式已不可能获得货款

B. 因为开证行已经破产,所以信用证的保兑行也可免除其承担的保兑义务

C. 甲公司应当直接向保兑行交单并请求付款。因为保兑行对信用证进行保兑后,其承担的责任就相当于本身开证,不论开证行发生什么变故,保兑行都不能片面撤销其保兑

D. 由于开证行已经破产,保兑行的保兑义务也已免除,因此甲公司应当将有关单据直接寄交乙公司,同时要求其采用汇付的支付方式付款

49.下列信用证条款中,属于信用证"软条款"的有哪几项?( )

A. 注明"本证暂不生效,待进口许可证签发通知后生效"的条款

B. 注明"信用证项下的条款要在货物清关后才支付"的条款

C. 注明"受益人须在某日之前提交信用证规定的单据"的条款

D. 注明"出口货须经开证申请人派员检验,合格后出具检验认可的证书"的条款

二、名词解释

1. 汇票

2. 本票

3. 支票

4. 出票

5. 背书

6. 提示

7. 承兑

8. 付款

9. 拒付

10. 汇付

11. 电汇

12. 信汇
13. 票汇
14. 托收
15. 光票托收
16. 跟单托收
17. 付款交单
18. 承兑交单
19. 信用证
20. 承付
21. 保兑信用证
22. 不保兑信用证
23. 即期信用证
24. 远期信用证
25. 可转让的信用证
26. 不可转让的信用证
27. 跟单信用证
28. 光票信用证

三、简答题

1. 票据的法律特性。
2. 简述本票与汇票的区别。
3. 简述托收当事人之间的关系。
4. 简述在托收下银行的义务。
5. 简述在托收下银行的免责。
6. 简述在信用证下银行的免责。

四、论述题

1. 试论信用证当事人之间的关系。
2. 试论信用证欺诈例外原则。

五、案例分析题

1. 甲国和乙国都是《联合国国际货物销售合同公约》的缔约国。甲国A公司与乙国B公司签订了从B公司进口100吨白糖的合同。合同选用了《1990年国际贸易术语解释通则》的FOB术语，并约定付款方式为托收。此后，A公司与承运人C公司签订了海上货物运输合同(运输合同受《海牙规则》的约束)，并向D保险公司投保了平安险。承运人的"玛丽"轮按时抵达乙国装货，B公司提供了符合合同要求

的货物。在"玛丽"轮驶向甲国目的港的途中，因遇台风使部分白糖受损。B公司委托银行向A公司收取款项，A公司却以货物已经发生损失为由拒绝付款。请回答下列问题：

(1)本案中的保险公司是否应对该批白糖的损失进行赔偿？为什么？

(2)本案中的承运人是否应对该批白糖的损失进行赔偿？为什么？

(3)本案白糖损失的风险在哪一方当事人？

2. 甲国A公司与乙国B公司签订了从B公司进口1000台电视机的合同，合同选用了《1990年国际贸易术语解释通则》的CIF术语，并约定付款方式为即期信用证。A公司按合同要求向X银行申请开证。X银行开出了以B公司为受益人的即期信用证。B公司与承运人C订立了运输合同并将货物装船，运输合同适用《海牙规则》。由于电视机包装不牢且包装业已渗水，承运人拒绝签发清洁提单。由于信用证要求B公司提供清洁的指示提单，B公司于是向承运人提供了保函，换取了承运人签发的清洁提单。此事被收货人A公司的代理在装货港监装时发现并告知了收货人。请问收货人应如何处理此问题？

参考答案

一、不定项选择题

1.C	2.C	3.C
4.B	5.C	6.B
7.A	8.B	9.D
10.B	11.B	12.D
13.D	14.C	15.B
16.C	17.C	18.A
19.A	20.D	21.C
22.C	23.ABCD	24.BD

25. BD　　26. AB　　27. BCD

28. BC　　29. AD　　30. AC

31. BC　　32. BCD　　33. ACD

34. BD　　35. ABC　　36. BCD

37. CD　　38. C　　39. ABD

40. AD　　41. BC　　42. ABCD

43. C　　44. BCD　　45. AD

46. AC　　47. BC　　48. C

49. ABD

二、名词解释

1. 汇票是由出票人签发的,委托付款人在见票时或在指定日期无条件支付确定的金额给受款人或持票人的书面支付命令。依日内瓦统一法的规定,汇票包括下列内容:付款人姓名、付款日期的记载期限、付款地的记载、受款人、出票日期和出票地点、出票人签字,并要求有"汇票"的字样,包含委托无条件支付一定金额的内容。汇票的基本当事人有出票人、付款人和受款人。

2. 本票又称期票,是出票人于见票时或某一确定的将来时间,向某人或其指定的人无条件支付一定金额的书面承诺。本票有两方基本当事人,即出票人和受款人,本票的出票人和付款人是同一个人,本票的信用是建立在受款人对出票人的信任的基础上,没有第三者的任何担保。因此,在国际贸易中,卖方为了避免商业风险,通常不愿意接受本票。

3. 支票是以银行为付款人的见票即付的汇票,支票实际上是一种特殊的汇票,其与一般汇票的区别是支票的付款人限于银行,而一般汇票的付款人不限于银行。支票只限于见票即付,而汇票还包括其他到期付款的方法。支票的基本当事人是出票人、付款人(银行)和受款人。支票的受款人须在出票人的存款银行支取货款,而国际贸易中的买卖双方分处不同的国家,以此种方式支取货款比较困难,因此支票在国际贸易支付中的使用也是有限的。

4. 出票指出票人开立汇票的行为,出票包括两个行为:(1)由出票人制作汇票并在其上签名。(2)将汇票交给受款人。合法完成的出票行为具有下列效力:(1)对于出票人来说,出票使其成为票据的第二债务人,如果票据被拒绝承兑或被拒付,则出票人应对受款人及正当持票人承担支付汇票金额的义务。(2)对受款人来说,出票使其可以享受汇票的权利,他可以依法要求支付汇票金额或将汇票转让。(3)对于受票人或付款人来说,在受票人承兑以前汇票对其无约束力,受票人没有义务付款;受票人承兑以后则要受其约束。依买卖合同付款人有义务付款,那是合同的效力,而非票据本身的效力。

5. 背书是持票人在汇票背面签名并将汇票交付给受让人的行为。背书分为记名背书和空白背书,记名背书又称特别背书;此种背书持票人须在汇票背面写上被背书人的姓名。空白背书又称无记名背书,此种背书持票人只在汇票背面签上自己的名字,而不填写被背书人的名字。背书又可分为限制性背书和非限制性背书,前者指禁止汇票再背书转让的背书,后者指没有此种限制的背书。背书的效力主要有两方面,对于背书人来说,除限制性背书和免受追索背书外,合法有效的背书使其成为票据的从债务人,须对包括被背书人在内的所有后手保证该汇票将得到承兑或付款。对于被背书人来说,背书使其取得了背书人对票据的一切权利。

6. 提示是持票人向付款人出示汇票并要求其承兑或付款的行为。提示可分为承兑提示和付款提示,一般来说,即期汇票只须作付款提示,远期汇票则须先向付款人作承兑提示,然后再于汇票到期时作付款提示。这两种提示都须在法律规定的期限内进行,期限的长短各国规定不同,日内瓦公约规定为1年,英美法没有具体规定,但要求须在"合理时间"内提示。如果持票人不在法律规定的期限内提示,则汇票的出票人和背书人即可解除责任,即持票人丧失了对其前手的追索权,但仍可向付款人或承兑人要求付款。提示需在汇票载明的付款地点或付款人旁边的地点进行。

7. 承兑是付款人表示接受出票人的付款指示,同意承担付款义务而将此意思记载于汇票上的行为。承兑的方式一般是由付款人在汇票正面横写"承兑"字样,签上自己的名字并注明承兑的日期,再将承兑的汇票交给持票人,承兑行为即完成。付款人承兑汇票后即成为汇票的主债务人,而出票人和背书人只是从债务人。此时,如承兑人到期不付款,持票人可直接对其起诉。

8. 付款指汇票的持票人于汇票到期日向汇票的付款人提示要求付款,付款人依汇票进行支付的行为。在付款人依汇票付款后,由持票人在汇票上签名注明"收讫"字样,并将汇票交付款人,此时汇票的债权债务关系即告消灭。

9. 拒付又称退票,指付款人的拒绝承兑和拒绝付款行为。拒付不仅包括付款人明确的拒绝,还包括付款人破产、付款人避而不见、死亡等情况。

10. 汇付是由国际货物买卖合同的买方委托银行主动将货款支付给卖方的结算方式。在此种支付方式下,信用工具的传递与资金的转移方向是相同的,因此也称为顺汇法。汇付方式可以用于预付货款、随订单付款、交货付现等业务。汇付是建立在商业信用的基础上的,即完全建立在双方相互信赖的基础上,对双方均具有一定的商业风险。因此,汇付在国际贸易中主要是用于样品、杂费等小额费用的结算。

11. 电汇,指汇出行受汇款人的委托,以电报或电传通知汇入行向收款人解付汇款的汇付方式。为了防止意外,汇出行拍发的电报或电传都带有密押,汇入行收到电报或电传后须核对密押相符后,再用电汇通知书通知收款人取款。收款人取款时应填写收款收据并签章交汇入行。电汇是速度最快的一种汇付方式,但电汇汇费较高。

12. 信汇,指汇出行受汇款人的委托,用邮寄信汇委托书授权汇入行向收款人解付汇款的汇付方式。在信汇的情况下,汇款人需填写汇款申请书,取得信汇回执,汇出行依汇款人的委托向汇入行邮寄信汇委托书,汇入行收到信汇委托书后,通知收款人取款。信汇委托书是汇出行委托汇入行付款的信用凭证,信汇委托书通常是通过航空邮寄,信汇的汇费比电汇便宜,汇款速度也比电汇慢。

13. 票汇,票汇是汇出行受汇款人的委托,开立以汇入行为付款人的银行即期汇票,由汇款人自行寄交收款人凭以向汇入行提取汇款的汇付方式。票汇的程序是由汇款人填写票汇申请书并向汇出行交款付费取得银行即期汇票后,由汇款人将汇票寄收款人,汇出行同时向汇入行发出汇票通知书,收款人收到汇票后向汇入行提示汇票请求付款。票汇是用邮寄银行即期汇票方式付款,因此不必加注密押,只须由汇出行有权签字的人签字证实即可。票汇是由汇款人自行邮寄,所以时间比电汇长。

14. 托收是由收款人开立汇票,委托银行向付款人收取货款的结算方式。在托收方式下,信用工具的传递与资金的转移方向相反,因此托收是一种逆汇法。在托收付款下,付款人是否付款是依其商业信用,银行办理托收业务时,只是依委托人的指示办理,并不承担付款人必须付款的义务。

15. 光票托收,指委托人开立不附货运单据的汇票,仅凭汇票委托银行向付款人收款的托收方式。光票托收的汇票依付款时间的不同,又可分为即期和远期两种,对于即期汇票,代收行应立即向付款人提示并要求付款。对于远期汇票,代收行则先要向付款人提示汇票要求承兑。光票托收的风险较大,因此,一般只用于样品费、佣金、货款尾数等的结算。

16. 跟单托收,指委托人开立附货运单据的汇票,凭跟单汇票委托银行向付款人收款的托收方式。跟单托收又可分为付款交单和承兑交单。

17. 付款交单,指代收行在买方付清货款后才将货运单据交给买方的付款方式。在此种付款方式下,只有在买方付清货款后,才能把装运单据交给买方。依付款的时间不同,付款交单又可分为即期付款交单和远期付款交单,前者卖方在发货后,开具即期汇票连同货运单据,通过银行向买方提示,买方于见票后立即付款,并在付清货款后向银行领取货运单据。远期付款交单指卖方发货后开具远期汇票,连同货运单据通过银行向买方提示,买方审核后对汇票进行承兑,于汇票到期日付清货款后取得货运单据。

18. 承兑交单,指在开立远期汇票的情况下,代收行在接到跟单汇票后,要求买方对汇票承兑,在买方承兑后即将货运单据交付买方的托收方式。承兑交单只适用于远期汇票,在承兑交单下,买方只要在汇票上承兑即可取得货运单据,凭以提货。卖方收款的保障只依赖买方的信用,一旦买方到期不付款,卖方就会遭到货物与货款全部落空的损失。可见,承兑交单的风险大于付款交单。

19. 信用证是指一项不可撤销的安排,无论其名称或描述如何,该项安排构成开设行对相符交单予以承付的确定承诺。在信用证付款方式下,开证银行以自身的信誉为卖方提供付款的保证,因此,信用证付款方式是一种银行信用。适用于信用证的国际惯例是国际商会在1930年制订的《跟单信用证统一惯例》,该惯例曾进行过七次修改,目前使用的是2006年的修订本,通称为国际商会第600号出版物,以下简称UCP600号。

20. 承付,指:(1)如果信用证为即期付款信用证,则即期付款。(2)如果信用证为延期付款信用证,则承诺延期付款并在承诺到期日付款。(3)如果信用证为承兑信用证,则承兑受益人开出的汇票并在汇票到期日付款。

21. 保兑信用证指开证行开出的信用证又经另一家银行保证兑付的信用证。对信用证加保兑的银行称为保兑行,保兑的手续一般是由保兑行在信用证上加列诸如"此证已经我行保兑"的保兑文句。保兑行对信用证进行保兑后,其承担的责任就相当于本身开证,不论开证行发生什么变化,保兑行都不得片面撤销其保兑。在加保兑的情况下,开证行和保兑行都负有第一性的付款责任。所以这种具有双重银行信用保证的信用证对卖方最为有利。保兑行的付款责任是以规定的单据在到期日或以前向保兑行提交,并符合信用证的条款为条件。保兑行通常是通知行,有时是出口地的其他银行或第三国银行。

22. 不保兑的信用证指未经另一银行加以保证兑付的信用证。当开证银行资信良好或成交金额不大时,一般都使用不保兑的信用证。

23. 即期信用证指允许受益人开立即期汇票,开证行或议付行于见票后即付款的信用证。

24．远期信用证指受益人仅可开立远期汇票，开证行或议付行在汇票指定的付款到期日支付货款的信用证。

25．可转让的信用证指受益人可将信用证的部分或全部权利转让给另一受益人（第二受益人）的信用证。在通过中间商进行贸易时，常提出开立可转让信用证的要求，以便将信用证的权利转让给实际供货人。可转让的信用证必须在信用证上注明"可转让"的字样。可转让信用证只能转让一次，即只能由第一受益人转让给第二受益人，第二受益人不得要求将信用证再转让。

26．不可转让的信用证指受益人不能将信用证的权利转让给他人的信用证。在国际贸易中，卖方为了保障收取货款的安全，以及在对第三方的资信不了解的情况下，一般不接受可转让信用证。

27．跟单信用证指凭跟单汇票或只凭单据付款的信用证。单据指代表货物所有权或证明货物已经发运的单据。国际贸易所使用的信用证绝大部分是跟单信用证。

28．光票信用证指凭不附单据的汇票付款的信用证。有的信用证要求汇票附有非货运单据，如发票、垫款清单等，此类情况也属于光票信用证。光票信用证主要用于贸易从属费或非贸易结算，也可以用于预付货款。

三、简答题

1．票据是出票人依法签发的由自己或指示他人无条件支付一定金额给受款人或持票人的有价证券，即某些可以代替现金流通的有价证券。在国际贸易结算业务中，通常都是使用某种票据（主要是汇票）作为支付工具，通过银行进行非现金结算。票据的法律特性如下：（1）票据的流通性。票据是流通证券，票据可以通过交付或背书转让。票据上的权利是一种债权，但其转让与民法上的债权转让不同，票据具有较强的流通性，票据的转让属于商法上的转让。票据的流通性主要表现在：其一，票据可以自由转让，让与人或受让人不必通知债务人就可以使受让人能以自己的名义对债务人行使权利。而民法上的债权虽然一般也可转让，但以通知债务人为转让生效的条件；其二，票据一经转让，正当的受让人即享有优于前手的权利，而民法上的受让人则不受此种保护，合同的无效会导致受让人合同权利的无效或终止。（2）票据的无因性。票据是无因证券。票据是出票人作出的支付命令或承诺。所谓不要因，是指在非基本法律关系当事人的票据当事人之间，其权利义务关系不受基本法律关系的影响，基本法律关系的履行情况不影响票据的权利义务关系，票据关系完全以票据上的文字记载为准，票据的善意受让人不必证明其取得票据的原因即可主张票据上的权利。（3）票据的要式性。要式指票据必须以书面作成，票据必须以法律规定的格式作成才能生效。因为票据作为一种流通证券，其权利和义务完全依票据上的文义来确定，如票据上的记载事项不符合法律的规定，则当事人的权利义务就难以确定，票据的流通性也会因而受到影响。

2．本票与汇票的区别主要包括：（1）本票是无条件的支付承诺；而汇票是无条件的支付命令。（2）本票的票面有两方当事人：即出票人和收款人；而汇票有三方当事人，即出票人、付款人和收款人。（3）本票的出票人即是付款人，远期本票不须办理提示承兑手续；而远期汇票则要办理承兑手续。（4）本票在任何情况下，出票人都是主债务人；而汇票在承兑前，出票人是主债务人，在承兑后，承兑人是主债务人。

3.(1)委托人与托收行之间是委托关系,委托人在委托银行代为托收时,须填写一份托收委托书,规定托收的指示及双方的责任,该委托书即成为了双方的代理合同。(2)托收行与代收行之间是委托关系,其之间的代理合同由托收指示书、委托书、以及由双方签订的业务互助协议等组成。依《托收统一规则》的规定:银行必须依托收指示书中的规定和依本规则行事,如由于某种原因,某一银行不能执行其所收到的托收指示书的规定时,必须立即通知发出托收指示书的一方。如代理人违反了该项原则,应赔偿由此给委托人造成的损失。(3)委托人与代收行之间不存在直接的合同关系,尽管托收行是委托人的代理人,代收行又是托收行的代理人,但依代理法的一般原则,在委托人与代收行之间并没有合同关系。因此,如果代收行违反托收指示行事导致委托人遭受损失时,委托人并不能直接对代收行起诉。委托人只能通过托收行追究代收行的责任。(4)代收行与付款人之间没有法律上的直接关系,付款人是否付款是依其对托收票据的付款责任。

4.依《托收统一规则》的规定,托收行对委托人、代收行对托收行负有下列具体代理行为的义务:(1)及时提示的义务,指对即期汇票应毫无延误地进行付款提示;对远期汇票则必须不迟于规定的到期日作付款提示。当远期汇票必须承兑时应毫无延误地作承兑提示。(2)保证汇票和装运单据与托收指示书的表面一致,如发现任何单据有遗漏,应立即通知发出指示书的一方。(3)收到的款项和扣除必要的手续费和其他费用后必须按照指示书的规定无迟延地解交本人。(4)无延误地通知托收结果,包括付款、承兑、拒绝承兑或拒绝付款等。

5.由于托收属于商业信用,而不是银行信用,银行对货款能否支付不承担任何责任,银行在托收中的地位严格地限于代理人,为此,《托收统一规则》规定了银行不承担责任的情况,主要包括:(1)银行只须核实单据在表面上与托收指示书一致,此外没有进一步检验单据的义务;代收行对承兑人签名的真实性或签名人是否有签署承兑的权限概不负责。(2)与托收有关的银行对由于任何通知、信件或单据在寄送途中发生延误或失落所造成的一切后果,或对电报、电传、电子传送系统在传送中发生延误、残缺和其他错误,或对专门性术语在翻译上和解释上的错误,概不负责。(3)与托收有关的银行对由于天灾、暴动、骚乱、叛乱、战争或银行本身无法控制的任何其他原因,或对由于罢工或停工致使银行营业间断所造成的一切后果,概不负责。(4)除非事先征得银行同意,货物不应直接运交银行或以银行为收货人,否则银行无义务提取货物。银行对于跟单托收项下的货物无义务采取任何措施。(5)在汇票被拒绝承兑或拒绝付款时,若托收指示书上无特别指示,银行没有作出拒绝证书的义务。

6.UCP600号规定了信用证下银行免责的情况,主要包括:(1)银行对任何单据的形式、充分性、准确性、内容真实性、虚假性或法律效力,或对单据上规定或添加的一般或特殊条件,概不负责。(2)银行对由于任何消息、信函或单据在传递过程中发生延误或遗失而引起的后果,或任何电讯在传递过程中发生延误、残缺或其他错误,概不负责。(3)银行对由于天灾、暴动、骚乱、叛乱、战争或本身无法控制的其他原因,或任何罢工或停工而中断营业所引起的后果,概不负责。(4)银行不受买卖合同的约束或影响,不负责买卖合同的履行情况及买卖当事人的资信等。

银行只审查单据表面相符,不负责采取进一步的行动调查单据的真实性,其原因主要是:(1)银行并不是买卖合同的商家,对一些贸易术语或商家的特殊要求也并不了解;(2)银行不是调查机构,国际结算要求银行提供快捷的服务,不可能让银行长期滞留单据进行调查;(3)银行提供的是一种信用而并非保险,谨慎寻找贸易伙伴的责任在商家;(4)银行开立信用证收取的只是少量的开证费,因此要求其承担所有的风险有欠公平。

四、论述题

1.(1)开证申请人与受益人之间是买卖合同关系。开证申请人即为国际贸易合同的买方,受益人即为卖方,双方订立的合同中约定以信用证方式支付货款,则买方应依合同的规定开立信用证,卖方则应依合同发货并提供约定的单据。(2)开证行与开证申请人之间是以开证申请书及其他文件确定的委托合同关系。在此合同关系中,开证行的主要义务是依开证申请书开立信用证并谨慎地审核一切单据,确定单据在表面上符合信用证。开证申请人则应交纳开证押金或提供其他保证,交纳开证费用并付款赎单。(3)当信用证送达受益人时,在开证行与受益人之间即形成了对双方有约束力的独立合同。(4)通知行与开证行之间是委托代理关系,通知行接受开证行的委托,代理开证行将信用证通知受益人,并由开证行支付佣金给通知行。(5)通知行与受益人之间不存在合同关系。通知行通知受益人是因其对开证行负有义务,不是因为通知行与受益人之间有合同关系而对受益人负有此项义务。此点在UCP600号中也有反映,依第9条规定,信用证及其任何修改可经通知行通知受益

人,非保兑行的通知行通知信用证及修改时不承担承付或义付的责任。但鉴于国际贸易中伪造信用证的问题,该条又规定,通知行通知信用证或修改的行为表示其已确信信用证或修改的表面真实性,而且其通知准确地反映了其收到的信用证或修改的条款。

2.在信用证支付方式中,严格执行信用证独立于买卖合同的原则有着重要的意义,但在国际贸易中卖方以单据欺诈手段骗取货款的案件不断发生,如果固守这一原则,势必纵容这些诈骗分子,因为货款一旦被骗取,买方就处于极为不利的地位,追回货款的希望很小。有鉴于此,为了打击国际贸易中出现的欺诈行为,美国、英国、加拿大、新加坡、法国等国的法律、判例对欺诈行为提出了相应的处理原则。即在承认信用证独立于买卖合同原则的同时,也应当承认有例外情况。如果在银行对卖方提交的单据付款或承兑以前,发现或获得确凿证据,证明卖方确有欺诈行为,买方可请求法院向银行颁发禁止令,禁止银行付款。信用证欺诈例外原则首先是在美国法院的判例中提出来的。美国的《统一商法典》也有对信用证欺诈及补救办法的成文法规定。

五、案例分析题

1.关于第(1)个问题,本案中的保险公司是否应对该批白糖的损失进行赔偿,回答是否定的,即不应该赔偿。因为本案A公司投保的是平安险,本案货损是因为台风引起,台风属于自然灾害,本案台风引起的是货物的部分损失,而不是全损,平安险不包括自然灾害造成的部分损失,因此保险公司不承担赔偿责任,如果货主希望得到此种情况下的赔偿,应当投保水渍险,因为水渍险对自然灾害引起的部分损失是赔偿的。

关于第(2)个问题,回答也是否定的,即承运人也不应赔偿。因为本案货损是由于天灾引起的,依《海牙规则》的规定,承运人对于因此引起的货物损失是可以免责的。

关于第(3)个问题,由于本案选用了FOB价格术语,货物的风险是在装货港船舷转移的,因此途中的风险是应由买方承担的,即风险由 A 公司承担。

2. 本案是信用证方式付款,其特点是只要单单相符,单证相符银行即应付款。而本案承运人明知货物表面有瑕疵还接受托运人的保函签发清洁提单,这属于托运人和承运人对收货人的欺诈行为。既然收货人已知此事,即应争取采用信用证欺诈例外原则,收货人应收集确凿证据,证明卖方及承运人确有欺诈行为,并可请求法院向银行颁发禁止令,禁止银行付款。

第五章 对外贸易的管理和世界贸易组织

一、不定项选择题

1. 依我国 2004 年修订的《中华人民共和国对外贸易法》的规定,在出口经营秩序出现严重混乱的情况下,可以对货物贸易采取下列哪些措施?（　）

A. 禁止进口　　　　B. 禁止出口

C. 限制进口　　　　D. 限制出口

2. 甲国哈德公司进口到中国的一批电子玩具中的关键零部件侵犯了中国人李某在中国申请的一项专利,并损害了我国经营该类产品的大批经销商的利益,危害了我国的对外贸易秩序,依我国 2004 年修订的《中华人民共和国对外贸易法》,下列选项哪个是正确的?（　）

A. 我国法院可以在一定期限内禁止哈德公司生产有关货物

B. 我国国务院对外贸易主管部门可以在一定期间内禁止哈德公司销售有关货物

C. 我国有关法院可以发布禁止哈德公司的有关货物进口的禁令

D. 国务院对外贸易主管部门可以在一定期限内禁止哈德公司生产、销售的有关货物进口

3. 依 2004 年修订的《中华人民共和国对外贸易法》的规定,关于对外贸易经营者,下列选项哪些是正确的?（　）

A. 个人不能成为对外贸易经营者

B. 法人、其他组织或个人均可以成为对外贸易经营者

C. 对外贸易经营者应由国务院对外贸易主管部门或其委托的机构办理备案登记

D. 对外贸易经营者应由国务院对外贸易主管部门审批

4. 依 2004 年修订的《中华人民共和国对外贸易法》的规定,下列哪些原因属于可以禁止货物或技术进出口的情况?（　）

A. 为保障国家国际金融地位和国际收支平衡

B. 为保护人的健康或者安全

C. 国内供应短缺或者为有效保护可能用竭的自然资源

D. 出口经营秩序出现严重混乱

5. 依我国的进出口商品检验检疫制度的有关规定,下列选项中不正确的是哪项?（　）

A. 对国家指定范围内的商品实施强制性检验检疫,称为法定检验

B. 对法定检验之外的进出口商品,均由当事人自愿申请检验

C. 对于法定检验的进口商品,未经检验,不得销售、使用

D. 对于法定检验的出口商品,未经检验合格的,不准出口

6. 依《中华人民共和国反倾销条例》的规定,产品以低于下列何种价格进口,对我国国内已建立的相关产业造成实质损害或产生实质损害威胁,或者对建立相关产业造成实质阻碍时,我国可以采取反倾销措施?（　）

A. 低于正常价值的价格

B. 低于公平价值的价格

C. 低于合理价值的价格

D. 低于成本价值的价格

7. 下列哪一项是世界贸易组织的章程性法律文件？（　）

A.《关税与贸易总协定临时适用议定书》

B.《建立世界贸易组织协议》

C.《与贸易有关的知识产权协议》

D.《1994 年关税与贸易总协定》

8. WTO 的最高权力机构是下列哪一项？（　）

A. 世界贸易组织董事会

B. 总理事会

C. 部长级会议

D. 全体成员国首脑委员会

9. 根据 WTO 的有关协议，如果关税减让的后果使某种进口产品大量增加，给进口国国内相关产业造成严重损害或严重损害威胁时，该进口国可以采取临时限制进口措施。该措施被称为下列哪种措施？（　）

A. 反倾销措施　　B. 反补贴措施

C. 保障措施　　　D. 一般例外措施

10. 我国海关在未能确定进口货物的到岸价格时，应依次以价格为基础估定完税价格，下列不属于海关采用的估定完税价格的选项是哪一项？（　）

A. 从该项进口货物从同一出口国或地区购进的相同或者类似货物的成交价格

B. 该项进口货物的相同或类似货物在国际市场上的成交价格

C. 该项进口货物的相同或类似货物在国内市场上的批发价格，减去进口关税、进口环节其他税收以及进口后的运输、储存、营业费用及利润后的价格

D. 成交价格为基础的离岸价格为完税价格

11. 一国政府在一定时期内对某些进出口商品的进出口数量或金额规定一个最高限额的制度称为下列哪种制度？（　）

A. 进出口许可证制度

B. 进口押金制度

C. 进出口配额制度

D. 保障措施

12.《纺织品和服装协定》属于下列哪种协定？（　）

A. 服务贸易协定

B. 技术贸易协定

C. 诸边贸易协定

D. 货物贸易协定

13. 两个或两个以上的国家通过缔结双边或多边协定，建立统一的对外关境，对内相互免征进口关税，对外实行统一的关税税制而结成的同盟被称为下列哪项？（　）

A. 单独关税区　　　B. 关税同盟

C. 自由贸易区　　　D. 保税区

14. 根据我国 2004 年修订的《中华人民共和国反倾销条例》，反倾销税的纳税人为下列哪种人？（　）

A. 倾销进口产品的出口商

B. 倾销进口产品的进口商

C. 倾销进口产品的生产者

D. 倾销进口产品的消费者

15. 目前在我国进出境检验检疫的机构方面，由原来的三个机构合并，现在我国统一负责进出口商品检验、进出境动植物检疫以及国境卫生检疫的机构是下列哪个机构？（　）

A. 国家进出口商品检验局

B. 国家动植物检疫局

C. 国家卫生检疫局

D. 国家质量监督检验检疫总局

16. 我国在加入世界贸易组织谈判中作出承诺，我国加入世界贸易组织后经过几年的过渡期，将取消现行的对外贸易许可制度，只要在中国合法注册的企业法人不管其性质和类型，依法登记后即取得外贸经营权？（　）

A.1 年　　　　　　B.3 年

C.5 年　　　　　　D.10 年

17. 依我国法律的规定,在对货物的进出口管理上,下列选项中不正确的有哪项?( )

A. 货物分为禁止进出口的货物、限制进出口的货物和自由进出口的货物

B. 对禁止进出口和限制进出口的货物实行目录管理

C. 我国对货物进出口实行分级的管理制度

D. 对实行自由进口许可管理的货物也实行目录管理

18. 依我国对限制进口货物的管理的规定,下列选项中不正确的有哪项?( )

A. 对于限制进口的货物,可以采取关税配额的管理方式

B. 属于关税配额内进口的货物,按照配额内税率缴纳关税

C. 进口经营者凭关税配额证明,向外经贸部办理关税配额内货物的报关验放手续

D. 属于关税配额外进口的货物,按照配额外税率缴纳关税

19. 2004年修订的《中华人民共和国对外贸易法》所称的对外贸易,包括下列哪几项?( )

A. 人才输出和输入

B. 货物进出口

C. 技术进出口

D. 国际服务贸易

20. 关于我国的外汇管理制度,下列选项中正确的有哪几项?( )

A. 我国对经常项目外汇和资本项目外汇实行相同的管理制度

B. 境内机构的经常项目外汇收入,必须调回境内,不得违反国家有关规定擅自存在境外

C. 境内机构的资本项目外汇收入,除国务院另有规定外,应当调回境内

D. 境内机构向境外投资,须经外汇管理机关审查批准

21. 依我国《反倾销条例》的规定,下列哪几种属于反倾销措施?( )

A. 临时反倾销措施

B. 配额措施

C. 价格承诺

D. 反倾销税

22. 根据我国2004年修订的《中华人民共和国对外贸易法》,国家基于下列哪些原因,可以限制国际服务贸易?( )

A. 为维护国家安全或者社会公共利益

B. 违反我国承担的国际义务的

C. 为建立或者加快建立国内特定的服务行业

D. 为保障国家外汇收支平衡

23. 最惠国待遇原则是关贸总协定和世界贸易组织确认的一个基本原则,但该原则在实施中可以有例外。依照关税与贸易总协定的规定,下列哪些选项可以作为例外情况不适用最惠国待遇原则?( )

A. 有关输出或输入黄金或白银的措施

B. 为保护本国具有艺术、历史或考古价值的文物而采取的措施

C. 关税同盟之间相互给予的优惠

D. 边境小额贸易优惠

24. 下列哪几项属于世界贸易组织的决策制度?( )

A. 反向协商一致

B. 协商一致

C. 简单多数表决通过

D. 加权表决制

25. 根据我国2004年修订的《中华人民共和国反补贴条例》进行调查、采取反补贴措施的补贴,必须具有专向性。下列补贴中哪些属于具有专向性的补贴?( )

A. 由出口国政府明确确定的某些企业、产业获得的补贴

B. 由出口国法律、法规明确规定的某些企业、产业获得的补贴

C. 以出口实绩为条件获得的补贴,包括反补贴条例所附出口补贴清单列举的各项补贴

D. 以使用本国或本地区产品替代进口为条件获得的补贴

26. 关于世界贸易组织确立的贸易政策评审机制,下列哪些选项是正确的?( )

A. 该审查机制及审查结果,并不作为有关协定下具体义务或争端解决程序的依据

B. 审查的频率,取决于各成员对多边贸易体制影响的大小

C. 世界贸易组织的评审结果和提出的建议对被评审的成员没有约束力

D. 评审结果和提出的建议对被评审的成员有约束力

27. 以下哪几项是关贸总协定乌拉圭回合谈判的新议题?( )

A. 反倾销

B. 服务贸易

C. 与贸易有关的投资措施

D. 与贸易有关的知识产权保护

28. 关于中国加入世界贸易组织的问题,下列说法哪些是正确的?( )

A. 中国以发达国家地位为前提加入世界贸易组织

B. 中国以发展中国家地位为前提加入世界贸易组织

C. 中国加入世界贸易组织之后将享受无条件的最惠国待遇

D. 中国加入世界贸易组织之后将享受有条件的最惠国待遇

29. 依世界贸易组织《与贸易有关的投资措施协议》规定,下列哪些属于与国民待遇义务不符及违反数量限制规则的与贸易有关的投资措施?( )

A. 要求企业购买或使用国产品或自任何国内来源的产品

B. 要求企业购买或使用的进口产品

限制在与其出口的当地产品的数量或价值相关的水平

C. 普遍限制企业用于当地生产或与当地生产相关的产品进口

D. 限制企业使用外汇,从而限制进口产品

30. 依世界贸易组织的《补贴与反补贴措施协议》,除非申诉成员证明补贴对其利益造成了损害,否则对该补贴不得采取反措施。申诉成员只有在下述哪些情形下,才可以采取反措施?( )

A. 受到补贴的产品进口损害进口国的国内产业

B. 补贴使其他成员根据有关协议享有的利益丧失或受损

C. 受到补贴的产品进口损害了进口国的某一企业

D. 补贴严重妨碍其他成员的利益

31. 世界贸易组织的《服务贸易总协定》没有对服务贸易下一定义,而是规定了服务贸易几种方式,下列哪些属于《服务贸易总协定》规定的服务贸易方式?( )

A. 从一国境内直接向其他国境内提供服务

B. 在一国境内向其他国的服务消费者提供服务

C. 外国实体在另一国境内设立附属公司或分支机构并提供服务

D. 一国的服务提供商通过自然人到其他国境内提供服务

32. 下列哪几项属于世界贸易组织的总理事会下设的机构?( )

A. 货物贸易理事会

B. 服务贸易理事会

C. 贸易与发展理事会

D. 与贸易有关的知识产权理事会

33. 下列哪几项属于世界贸易组织《原产地规则协议》规定的原则?( )

A. 应依各国的需要制定和实施原产地规则

B. 原产地规则本身不应对国际贸易产生限制、扭曲或破坏作用

C. 原产地规则不得用于直接或间接实现贸易目标的工具

D. 原产地规则不应在国内产品和外国产品间实行差别待遇,也不应在其他成员间造成歧视

34. 下列各项中,属于《服务贸易总协定》中所列举的国际服务贸易的是哪几项?( )

A. 美国留学生大卫在北京某小学讲授英语课程

B. 法国家乐福超市集团在中国各大城市设立分店

C. 美国某保险公司在中国设立分支机构

D. 中国某旅游公司组团到澳大利亚14日游

35. 乌拉圭回合谈判达成的《农业协议》加强了对农产品贸易的约束。下列哪几项是其主要体现?( )

A. 市场准入关税化

B. 国内支持弱化

C. 市场准入非关税化

D. 出口补贴列明化

36. 依世界贸易组织《实施卫生和植物卫生措施协议》,下列选项正确的有哪些?( )

A. 允许各国制定自己的标准,但必须有科学依据

B. 各国制定的标准只能在保护人类和动植物行生命与健康的必要限度内实施

C. 各国在采取卫生和植物卫生措施时可对情况相同的成员区分情况采取不同的措施

D. 存在相应的国际标准时,应采纳国际标准

37. 依我国有关进出口商品检验的法规的规定,下列哪几项属于法定检验的范围?( )

A. 出口食品的卫生检验

B. 出口危险货物包装容器的性能鉴定和使用鉴定

C. 对装运出口易腐烂变质食品、冷冻品的船舱、集装箱等运载工具的适裁检验

D. 有关国际条约规定必须经商检机构检验的进出口商品的检验

38. 依我国有关进出境动植物检疫法及其实施细则的规定,下列哪几项属于实施检疫的范围?( )

A. 进境、出境、过境的动植物、动植物产品

B. 装载动植物、动植物产品和其他检疫物的装载容器、包装物、铺垫材料

C. 来自动植物疫区的运输工具

D. 所有进境的船舶

39. 依我国 2004 年修订的《中华人民共和国反倾销条例》的规定,下列哪几项属于发起反倾销调查的方式?( )

A. 代表国内产业的自然人或法人向商务部提出反倾销调查的书面申请

B. 代表国内产业的法人向商务部提出反倾销调查的书申请

C. 外经贸部可以经商国家经贸委后,自主决定立案调查

D. 外经贸部可以经商海关后,自主决定立案调查

40. 下列哪几项属于我国 2004 年修订的《中华人民共和国反补贴条例》规定的反补贴措施?( )

A. 许可措施

B. 临时反补贴措施

C. 反补贴税

D. 价格承诺

41. 下列哪些表述反映了世界贸易组织争端解决机制的特点?( )

A. 其涉及的范围仅限于货物贸易争端

B. 该制度规定了严格的程序上的时间限制

C.建立了反向协商一致的原则

D.其涉及的范围不仅限于货物贸易，还包括服务贸易、与贸易有关的投资措施、与贸易有关的知识产权保护等争端

42.关于世界贸易组织争端解决机制中的专家小组程序，下列说法中正确的有哪几项？（ ）

A.它是世界贸易组织争端解决机制的核心程序

B.专家小组一般情况下由三人组成，如果各方同意，也可以由5人组成

C.专家小组的最后报告一般应该在6个月内提交争端各方

D.对专家小组报告的通过，世界贸易组织的争端解决机构适用"反向协商一致"的原则

43.依我国外汇管理制度中有关经常项目的规定，下列选项中，正确的有哪几项？（ ）

A.经常项目指国际收支中经常发生的交易项目，包括贸易收支、劳务收支、单方面转移等

B.经常项目指国际收支中因资本输出和输入而产生的资产与负债的增减项目

C.境内机构的经常项目外汇收入，必须调回境内，不得违反国家有关规定擅自存在境外

D.我国对经常项目外汇和资本项目外汇实行不同的管理制度

44.下列关于世界贸易组织与前关税与贸易总协定在调整范围上的选项有哪些是正确的？（ ）

A.世界贸易组织调整货物贸易、服务贸易及贸易有关的知识产权

B.世界贸易组织调整的货物贸易还包括了纺织品贸易和农产品贸易

C.前关税与贸易总协定调整所有的货物贸易

D.前关税与贸易总协定只调整货物贸易，但又不包括纺织品贸易

45.世界贸易组织规则在规定了取消数量限制的一般原则的同时，还明确列举了可以实施数量限制的几种例外情况，下列选项中哪些属于取消数量限制的例外情况？（ ）

A.为防止或缓解出口成员的粮食或其他必需品的严重短缺而临时实施的出口禁止或限制

B.为实施国际贸易中的商品归类、分级和销售标准或法规而必需实施的进出口禁止或限制

C.为了限制国内产品数量或消除国内产品的过剩而对农产品或渔产品进口而实施的限制

D.为了保障其对外金融地位和国际收支平衡而对进口产品进行的限制

46.下列有关世界贸易组织的决策程序的选项哪些是正确的？（ ）

A.世界贸易组织采用加权投票方式

B.重大的决定首先由全体成员协商一致作出

C.成员不能取得一致则投票以简单多数票表决

D.重大决定均以3/4多数投票表决

47.关于世界贸易组织争端解决机构裁定和建议的实施，下列选项中正确的有哪些？（ ）

A.被裁定违反了有关协议的一方，应在合理时间内履行争端解决机构的裁定和建议

B.如果被诉方在合理期限内，没有履行裁定和建议，原申诉方可以经争端解决机构授权报复，对被诉方中止减让或中止其他义务

C.申诉方在实施报复时中止减让或其他义务的水平和范围，应与受到的损害相当

D.申诉方在实施报复时可依其自由裁量中止减让或其他义务的水平和范围

48.下列哪些选项属于关税与贸易总协定中的最惠国待遇适用的范围？（ ）

A. 与进出口有关的任何关税和费用

B. 进出口关税和费用的征收方法

C. 与进出口有关的规则和手续

D. 影响产品的国内销售、推销、购买、运输、经销和使用的全部法令、条例和规定

49. 下列关于世界贸易组织和前关税与贸易总协定在适用力度上的选项有哪些是正确的?(　　)

A. 在世界贸易组织制度下,缔约方可以通过祖父条款使国内法得以优先适用

B. 世界贸易组织要求各成员的国内立法与世界贸易组织规则保持一致

C. 在世界贸易组织制度下,国内法的规定不应成为不履行有关世界贸易组织义务的理由

D. 在前关税与贸易总协定制度下,缔约方可以通过祖父条款使国内法得以优先适用

二、名词解释

1. 海关税则

2. 关税同盟

3. 非关税壁垒

4. 进出口许可证措施

5. 进口配额

6. 外汇管理

7. WTO

8. 《关税与贸易总协定》的最惠国待遇条款

9. 《关税与贸易总协定》的国民待遇条款

10. 临时反倾销措施

11. 最终反倾销措施

12. 价格承诺

13. 补贴

三、简答题

1. 我国 2004 年对《中华人民共和国对外贸易法》的修订是在什么背景下进行的?

2. 2004 年修订的《中华人民共和国对外贸易法》在对外贸易经营者方面有什么新规定?

3. 在限制和禁止货物与技术的进出口方面,2004 年修订的《中华人民共和国对外贸易法》有些什么新变化?

4. 2004 年修订的《中华人民共和国对外贸易法》在对外贸易中的知识产权保护方面是如何规定的?

5. 2004 年修订的《中华人民共和国对外贸易法》中有关对外贸易秩序的规定是否与《反不正当竞争法》等法在调整有关问题上出现了重复?

6. 简述 WTO 的《补贴与反补贴措施协议》规定的不可诉补贴。

7. 简述世界贸易组织的法律文件框架。

四、论述题

1. 试论 WTO《补贴与反补贴协议》规定的禁止性补贴与可诉补贴的区别。

2. 试论 1994 年《反倾销协议》对以往反倾销守则修改和补充的主要表现。

3. 试论关税措施与非关税措施的区别。

参 考 答 案

一、不定项选择题

1. B	2. D	3. BC
4. BC	5. B	6. A
7. B	8. C	9. C
10. D	11. C	12. D
13. B	14. B	15. D
16. B	17. C	18. C
19. BCD	20. BCD	21. ACD
22. ACD	23. ABCD	24. BC
25. ABCD	26. ABC	27. BCD
28. BC	29. ABCD	30. ABD
31. ABCD	32. ABD	33. BCD
34. ABCD	35. ABD	36. ABD
37. ABC	38. ABC	39. ABC
40. BCD	41. BCD	42. ABCD
43. ACD	44. ABD	45. ABCD

46.BC　47.ABC　48.ABCD
49.BCD

二、名词解释

1. 海关税则又称关税税则,是一国海关法律规范的重要组成部分,它是通过一国的立法程序制定的对一切应税、免税和禁止进出口商品加以系统分类的一览表。其内容主要包括:税则号、商品名称、征税标准、计税单位、税率等。海关税则的重要作用是为一国海关征收关税、行使税收管辖权提供依据。目前世界上绝大多数国家都制定了本国的海关税则。

2. 关税同盟是指两个或两个以上国家通过缔结双边或多边协定,取消各自国家的关境,建立统一的对外关境,对内相互免征进口关税,对外实行统一的关税税制而结成的联盟。建立关税同盟的目的在于发展关税同盟成员国之间的贸易,限制非成员国商品的进口。

3. 非关税壁垒指除关税措施以外的其他一切直接或间接限制外国商品进口的法律和行政措施。

4. 进出口许可证措施指一国政府从数量上限制外国商品进口以及本国商品出口的一种贸易管理措施。多数国家的进出口许可证通常载明下列内容:进出口商品名称、进出口商品的数量或重量、进出口商品的价值、供货国别或地区、商品输出入地点、许可证的有效期等。依一些国家进出口许可证制度的规定,一国政府通常事先公布必须申领进出口许可证的商品目录表。凡表中所列商品若需进口或出口,必须向指定部门提出申请,取得批准后发给进出口许可证,凭该证办理进出口报关手续。

5. 进口配额指一国政府在一定时期内对某些进口商品的进口数量或金额规定一个最高限额,限额内的商品可以进口,超过限额不准进口或征收较高的关税或罚款。在配额的管理和发放中,各国通常结合采用进口许可证方式,配额商品必须领取进口许可证方可进口。

6. 外汇管理指一国政府授权国家货币金融管理当局或其他国家机关,对外汇收支、买卖、借贷、转移以及国际间的结算、外汇汇率和外汇市场等实行的管制措施。各国实行外汇管理的根本目的是为了避免国际收支危机和货币信用危机,维持国际收支平衡。

7. WTO 是世界贸易组织的英文简称,WTO 是根据乌拉圭回合谈判达成的《建立世界贸易组织的马拉喀什协定》于1995 年 1 月 1 日正式成立并开始运作的,其总部设于瑞士日内瓦。世界贸易组织协定确立了世界贸易组织的制度框架,包括组织的建立、组织机构、职责等。世界贸易组织的前身是关税与贸易总协定。世界贸易组织是根据各成员立法机关批准的世界贸易组织协定设立的永久性组织,是国际法上的国际组织,具有法律人格,可以以自己的名义享有权利、履行义务,处分财产,其官员可以享有各国给予的外交豁免。

8. 《关税与贸易总协定》的最惠国待遇条款规定在 1994 年《关税与贸易总协定》第 1 条,条款要求任何缔约方给予原产于或运往任何其他国家或地区的产品的任何好处、优惠、特权或豁免,应当立即地与无条件地给予原产于或运往所有缔约方境内的相同产品。这种最惠国待遇是自动的、多边的、无条件,并有制度的保障。

9. 《关税与贸易总协定》的国民待遇条款规定在 1994 年《关税与贸易总协定》第 3 条,条款要求各成员给予进口产品在国内税和其他国内费用,影响产品的国内销售、推销、购买、运输、分配或使用的法令、条例和规定,以及对产品的混合、加工或使用须符合特定数量或比例要求的国内数量限制条例方面的待遇,不低于本国同类产品所享受的待遇。

10. 依 WTO 的《反倾销协议》的规定,临时反倾销措施有两种形式,即征收临时反倾销税和现金保证金或保函的方式。保证的金额应等于临时估算的反倾销税的金额,但不应高于临时估算的倾销幅度。依《反倾销协议》的规定,进口方主管机构经过调查,初步认定被指控产品存在倾销,并对国内同类产业造成损害的,可据此在全部调查结束之前,采取临时性的反倾销措施,以免国内产业在调查期间继续受到损害。临时反倾销措施只有在反倾销案正式立案之日起 60 日后方可采取。临时措施的实施应限制在尽可能短的时间内,一般不超过 4 个月,经有关主管机关决定,在特定情况下或延长至 6 个月或 9 个月。

11. 依 WTO《反倾销协议》的规定,最终反倾销措施采取征收反倾销税的形式。最终反倾销措施的期限除另有规定外,不应超过 5 年。反倾销税指在正常海关税费之外,进口方主管机构对倾销产品征收的一种附加税。在进口国主管部门结束全部调查后,如果有充分的证据证明被调查的进口产品存在倾销,国内生产同类产品的产业受到损害,且倾销与之间有因果关系,则进口方主管机构可以决定采取最终反倾销措施。

12. 价格承诺从实际效果上讲也属于反倾销措施的一种,价格承诺是指被控倾销产品的生产商和出口商与进口方主管机构达成协议,由出口商提高价格以消除产业损害的一种自愿承诺。价格承诺换取的是进口方对案件调查的相应中止或终止,而不采取临时反倾销措施或征收反倾销税。价格承诺协议是对承诺者的出口价格进行限制,并通过定期核查等手段对其进行监督。

13. 依《补贴与反补贴措施协议》第 1 条有关补贴定义的规定,补贴是指一成员政府或政府任何公共机构向产业或企业提供的财政资助,对企业收入和价格的支持。

三、简述题

1. 我国的货物、技术和服务的进出口管理以《中华人民共和国对外贸易法》(以下简称《外贸法》)为基本框架、以其他相关条例为补充的相对健全的法律、法规体系,构成了我国进出口管理的法律制度。2004 年对《外贸法》的修订主要基于两大背景,即我国入世后的新环境及由于我国为对外贸易的快速发展出现的旧法不适应的情况。我国入世以后,外贸发展面临新的环境,要求必须按照入世承诺和 WTO 规则行事,制定或修改有关的法律法规和政策措施。在 WTO 对我国进行的过渡性审议中,《外贸法》的修改一直作为我国履行入世承诺的重点问题。此外,近年中美贸易摩擦不断,其中贸易权审批、透明度、知识产权保护等涉及中国履行入世承诺方面的问题一直是焦点,而这些问题均涉及《外贸法》的修改。另外,随着我国为对外贸易的快速发展,旧的法律规定已不能适应新形势的需要。原《外贸法》作为对外贸易领域的基本法律,缺少 WTO 所认可的一些法律手段。因此,需要对其进行修改、补充和完善。修订后的《外贸法》,比原来的法律新增加了 3 章内容,新增了 26 条规定,这三章内容分别涉及与贸易有关的知识产权保护、对外贸易调查和对外贸易救济。修订后的《外贸法》扩大了适用范围,具备了更大的可操作性,减少了行政审批,规范了管理措施,进一步明确中介机构的作用,完善了外贸促进措施,健全了贸易救济措施。

2. 在《外贸法》修改之前,依原《外贸法》第 9 条第 1 款的规定,我国在对外贸易经营主体方面实行对外贸易经营许可制度。即只有享有对外贸易经营权的企业才可以进行进出口贸易。此种许可制度不符合《中国加入议定书》和《中国加入工作组报告书》中关于"中国将在加入3年内取消贸易权的审批制"的承诺。因此，修改后的《外贸法》取消了贸易权审批制，改为实行备案登记制。

关于对外贸易的经营资格，修订后的《外贸法》从四个方面进行了规定。第一，关于货物贸易、技术贸易，依我国有关入世后3年内取消贸易权的审批制的承诺，从原来的许可制改为登记制。依该法第9条的规定，从事货物进出口或者技术进出口的对外贸易经营者，应当向国务院对外贸易主管部门或者其委托的机构办理备案登记；但是法律、行政法规和国务院对外贸易主管部门规定不需要备案登记的除外。第二，国际服务贸易，因涉及许多部门，因此，第10条规定，从事国际服务贸易，应当遵守本法和其他有关法律、行政法规的规定。第三，关于对外工程承包和劳务合作，由于需要另行制定具体法律调整，因此，第10条第2款仅规定，从事对外工程承包或者对外劳务合作的单位，应当具备相应的资质或者资格。具体办法由国务院规定。以此作为将来有关对外工程承包及劳务合作管理条例的上位法依据。第四，关于外商投资企业，继续依现行管理体制。

关于对外贸易经营者，依新法第8条的规定，对外贸易经营者是指依法办理工商登记或者其他执业手续，依照本法和其他有关法律、行政法规的规定从事对外贸易经营活动的法人、其他组织或者个人。而修订前的对外贸易法规定，中国的自然人不能从事对外贸易经营活动。但新《外贸法》并不意味着任何个人可以不受限制地从事进出口贸易。事实上，经营外贸仍然需要通过一系列的法定程序，包括依第

9条规定到外经贸主管部门进行资格备案、到工商部门进行登记，以及到海关和银行完善相关手续等等。

3. 在限制和禁止进出口方面，原外贸法的规定比世贸组织的规则要窄，新《外贸法》参照GATT第20条一般例外及第21条安全例外的规定，增加了限制和禁止进出口的范围，将有关的世贸规则转化为了国内法，也有利于充分保护我国的经济安全及国家利益。依《外贸法》第16条的规定，国家基于下列原因，可以限制或者禁止有关货物、技术和进口或者出口：(1)为维护国家安全、社会公共利益或者公共道德，需要限制或者禁止进口或者出口的；(2)为保护人的健康或者安全，保护动物、植物的生命或者健康，保护环境，需要限制或者禁止进口或者出口的；(3)为实施与黄金或者白银进出口有关的措施，需要限制或者禁止进口或者出口的；(4)国内供应短缺或者为有效保护可能用竭的自然资源，需要限制或者禁止出口的；(5)输往国家或者地区的市场容量有限，需要限制出口的；(6)出口经营秩序出现严重混乱，需要限制出口的；(7)为建立或者加快建立国内特定产业，需要限制进口的；(8)对任何形式的农业、牧业、渔业产品有必要限制进口的；(9)为保障国家国际金融地位和国际收支平衡，需要限制进口的；(10)依照法律、行政法规的规定，其他需要限制或者禁止进口或者出口的；(11)根据我国缔结或者参加的国际条约、协定的规定，其他需要限制或者禁止进口或者出口的。此外，国家对与裂变、聚变物质或者衍生此类物质的物质有关的货物、技术进出口，以及与武器、弹药或者其他军用物资有关的进出口，可以采取任何必要的措施，维护国家安全。在战时或者为维护国家和平与安全，国家在货物、技术进出口方面可以采取任何必

要的措施。

在限制和禁止进出口货物与技术的管理上，国务院对外贸易主管部门会同国务院其他有关部门，依《外贸法》的规定，制定、调整并公布限制或者禁止进出口的货物、技术目录。并可临时决定限制或者禁止前款规定目录以外的特定货物、技术的进口或者出口。国家对限制进出口的货物，实行配额、许可证等方式管理。对限制进出口的技术，实行许可证管理。国家对部分进口货物还可以实行关税配额管理。有关进出口货物的配额、关税配额，由主管部门在各自的职责范围内，按照公开、公平、公正和效益的原则进行分配。

4. 随着知识经济的发展，知识产权保护也逐渐成为对外贸易中的一个突出问题，欧美日等均将对知识产权的保护作为其对外贸易法律制度的组成部分，"与贸易有关的知识产权"也是世贸组织的三大支柱之一。为此，新修订的《外贸法》增加了"对外贸易中知识产权保护"一章，以便通过一系列贸易措施，防止侵权产品进口，促进我国知识产权在国外的保护，并防止外国知识产权所有人滥用权利的行为。有关规定主要涉及贸易环节，因此，与我国《专利法》、《商标法》、《著作权法》等形成补充关系。

该法第 29 条所针对的是对进口货物侵犯我国知识产权的处理。该条规定在进口货物侵犯知识产权，并危害对外贸易秩序时，国务院对外贸易主管部门可以采取在一定期限内禁止侵权人生产、销售的有关货物进口等措施。此条在立法时主要借鉴美国贸易法第 337 条的规定，美国贸易法第 337 条授权对国外侵犯其知识产权的行为进行调查，并可采取必要的措施，以防止侵权产品进入美国。

第 30 条针对的是知识产权权利人在对外贸易中滥用其专有权或优势地位的情况，规定当知识产权权利人有阻止被许可人对许可合同中的知识产权的有效性提出质疑、进行强制性一揽子许可、在许可合同中规定排他性返授条件等行为之一，并危害对外贸易公平竞争秩序的，国务院对外贸易主管部门可以采取必要的措施消除危害，如采取责令停止违法行为、禁止进出口等措施消除危害。

第 31 条是在参照美国贸易法第 301 条款的基础上新增的，301 条款授权对外国政府对知识产权保护的状况进行调查，直到采取必要措施。依我国《外贸法》第 31 条的规定，其他国家或者地区在知识产权保护方面未给予中国的法人、其他组织或者个人国民待遇，或者不能对来源于中国的货物、技术或者服务提供充分有效的知识产权保护的，国务院对外贸易主管部门可依本法和其他有关法律、行政法规的规定，并依中国缔结或参加的国际条约，对于该国家或者该地区的贸易采取必要的措施。

5. 随着我为外贸经营权的放开及市场准入的扩大，对外贸经营秩序管理重要性将日益突现其重要性。修订后的《外贸法》第六章是关于对外贸易秩序的规定，该章针对垄断行为、不正当行为等进行了规定，有关规定与我国《反不正当竞争法》并不矛盾，因为《外贸法》只调整进出口环节，新规定填补了我国外法法中缺乏竞争规则的空白。

关于垄断行为，第 32 条规定在对外贸易经营活动中，不得违反有关反垄断的法律、行政法规的规定实施垄断行为。在对外贸易经营活动中实施垄断行为，危害市场公平竞争的，依照有关反垄断的法律、行政法规的规定处理。行为违法，并危害对外贸易秩序的，国务院对外贸易主管部门可以采取必要的措施消除危害。

关于进出口环节的不正当竞争行为，第33条规定，在对外贸易经营活动中，不得实施以不正当的低价销售商品、串通投标、发布虚假广告、进行商业贿赂等不正当竞争行为。在对外贸易经营活动中实施不正当竞争行为的，依照有关反不正当竞争的法律、行政法规的规定处理。行为违法，并危害对外贸易秩序的，国务院对外贸易主管部门可以采取禁止该经营者有关货物、技术进出口等措施消除危害。

6. 不可诉补贴又称"绿灯补贴"。《补贴与反补贴措施协议》第8条第1款规定了两大类不可诉补贴，即不具有专向性的补贴和符合特定要求的专向性补贴。（1）不具有专向性的补贴。不具有专向性的补贴指普遍性的补贴，即补贴不是针对特定企业、特定产业、特定地区、特定产品提供的，所有企业或产业等均能够享受。此种补贴不属于世贸组织限制的范围，不可申诉。（2）符合特定要求的专向性补贴。符合特定要求的专向性补贴具有专向性，但是应符合下列条件：第一，对公司进行研究活动的援助，或对高等教育机构或研究机构与公司签约进行研究活动的援助。第二，依地区发展总体框架对一成员领土内落后地区的援助。第三，为使企业的现有设施适应法律实行的新的环境要求而提供的援助。此类补贴可概括为研发补贴、贫困地区补贴和环保补贴。

依《补贴与反补贴措施协议》第31条的规定，有关不可诉补贴的规定临时适用5年（自1995年1月1日至1999年12月31日至）。即到1999年底前，补贴委员会应该讨论决定该条款是否继续适用，但遗憾的是在这个期间补贴委员会没有就延长事由做出决定，因为世贸成员在此问题上争论非常激烈，不能达成一致意见。这意味着《补贴与反补贴措施协议》中的"不可诉补贴"的规定现在没有效力了。也就是说实际上现在《补贴与反补贴措施协议》只有两类了，一类是禁止性补贴，另一类是可诉性补贴，包括以前的不可诉补贴。不可诉补贴的分类已经没有了，但不排除在新一轮的谈判中再恢复这一条规定。

7. 世界贸易组织的法律文件既包括实体法性质的法律文件，也包括程序法性质的法律文件。具体而言，世界贸易组织的法律文件由以下各部分构成：

第一，《建立世界贸易组织协议》。《建立世界贸易组织协议》是世界贸易组织的章程性文件。《建立世界贸易组织协议》于1994年4月15日在摩洛哥的马拉喀什签订。它是世界贸易组织的章程性文件，共有15条和1个附件及其附件目录。该协议对世界贸易组织的范围、职能、机构、法律地位、政策制定、预算与捐款、秘书处、与其他组织的关系、协议的修改、原始成员方的地位、新成员加入、协议的接受、生效、保存、退出等事项作出了详细规定。

第二，附件1包括下列内容：（1）附件1A是关于货物贸易的多边协议，包括：《1994年关税与贸易总协定》、《农产品协议》、《卫生与植物检疫措施协议》、《纺织品与服装协议》、《贸易技术壁垒协议》、《与贸易有关的投资措施协议》、《1994年关税与贸易总协定第六条执行协议》、《1994年关税与贸易总协定第七条执行协议》、《装运前检验协议》、《原产地规则协议》、《进口许可证程序协议》、《补贴与反补贴措施协议》以及《保障措施协议》；（2）附件1B是《服务贸易协议》及各附件；（3）附件1C是《与贸易有关的知识产权协议》。

第三，附件2是关于《争议解决规则和程序谅解》。

第四，附件3是《贸易政策评审机制》。

上述所有各项协议要求成员"一揽子"接受,对所有成员具有法律约束力,各成员方必须遵守。

第五,附件4是诸边协议。包括以下若干单项贸易协议(也称诸边协议):民用航空器贸易协议、政府采购协议。与附件1、2和3不同,各成员方对附件4可分别接受,也就是说,附件4并不对所有成员具有法律约束力,而是只适用于接受上述若干单项贸易协议的成员,对不接受的成员方则不具有约束力。到目前,第4个附件只有少数成员参加。

四、论述题

1. 禁止性补贴与可诉补贴的区别在于:首先,在结果上,如果补贴提供国给予的补贴是禁止性补贴,即使没有给其他成员方造成损害,其他成员方也可以采取抵销补贴的措施;如果补贴提供国给予的补贴属于可诉补贴,则只有当补贴给他方造成损害时,其他成员才可采取抵销补贴的措施。其次,从内容上,禁止性补贴所包括的内容明确,主要是指出口补贴和进口替代补贴,此外《补贴与反补贴协议》附件一还明确列举了12种禁止性的补贴;而可诉补贴在《补贴与反补贴协议》及其附件并没有明文列举,通过上下文的分析,可将此类补贴概括为除了出口补贴或进口替代补贴以外的其他具有专向性的国内补贴,这种补贴主要指生产补贴。这类补贴不是一律禁止,需要依其客观效果才能判断是否符合世贸组织的规则。再次,在认定上,禁止性补贴在《补贴与反补贴协议》附件一中有详尽的列举,因此在认定上更具有法定性;而《补贴与反补贴协议》并没有列举可诉的补贴的种类,主管机关在认定时需判断补贴的效果是否出现了损害的事实,可见主管机关具有一定的自由裁量权,故可诉补贴的认定则具有较大的灵活性。

2. 1994年《反倾销协议》与以往的守则相比,保留了关贸总协定第6条以及1979年《反倾销守则》的基本原则和核心内容,在此基础上修改和补充,使得新守则更完整、更具体、更具实践性和可操作性。1994年守则的修改和补充主要表现在以下几个方面:

第一,明确了申诉方的资格。1979年(东京回合)守则规定在申请方资格上规定得十分笼统,只规定了"通常应由或代表国内行业以书面提出申请"。对于什么是"代表国内行业"则没有具体标准。许多国家采取了推定方式:只要有人提出申请而无人公开反对,就推定为"代表国内行业"。新守则第5(4)条中则为之规定了具体标准;凡申请得到占相同产品合计产量占该行业50%以上国内生产人支持者,才得认定为符合"由或者代表国内行业"的条件,未作支持性表态者不计50%之内。支持反倾销立案的进口国生产商总产量占其国内相同产品总数的比例不足25%时,提起反倾销调查的申请不能成立。

第二,增设了公共利益条款,"公共利益"指在采取倾销认定、损伤标准以及反倾销措施时,不能只考虑受到损伤的国内行业的利益,还要重视并考虑公众利益尤其消费者与用户的利益。新守则第6条"证据"的第6(12)款规定,(调查)当局应给予受调查产品生产行业的用户,以及若该产品有零售时则为消费者组织的代表,以提供有关倾销、损伤及因果关系调查方面资料的机会。

第三,规定了微量不计规则。反倾销诉讼由于通常涉及的专业人员从多,包括经济师、财会专家、法律人员、工程师等,往往开销巨大,从这个角度讲这对国际市场竞争和贸易来说是一个不小的负担和并具有负面作用。因此,有必要将贸易量与倾销差额定出一个"最低限度",低于此限者采取"微量不计"规则,以在一定程度上减少反倾销诉讼的数量。新守则第5(8)条规定,凡倾销差额占出口价格的百分比不到2%者,则视为"微量";凡从某国进口的倾销产品数额,占不到进口国相同产品进口额的3%者,则可略而不计,除非占进口成员中同类产品进口不足3%的国家合计超过该进口成员同类产品进口的7%。

第四,强化了程序规则,增强了执法各环节上的透明度。透明度的要求主要表现在通知和公告两个方面。如依守则第12条第1款的规定,在当局相信有充分证据表明,有理由依第5条发起调查时,就要通知各有关当局方,并予以公告,并接着对应予公告的具体事项,以及对初步或最终裁决、接受价格承诺、临时措施……等过程应予公告或另行通知的具体事项和理由。

第五,规定了争端解决中的"评审标准"规则。依守则第17条的规定,凡因对进口国执法机关所作反倾销裁决不服,而将争议提交向WTO解决争端机关解决时,WTO专家组应尊重原审对事实的认定,并在裁决权力上受到一定限制。此种对WTO专家组断案权力的限制问题、称作"评审标准"。

3. 限制贸易的措施通常被概括为关税措施和非关税措施,由于关税,特别是进口关税常常作为各国限制他国产品进口的手段从而实施贸易保护主义的目的,因此关税措施又被称为关税壁垒。非关税措施指除关税措施以外的其他一切直接或间接限制外国商品进口的法律及行政措施。非关税措施主要包括进出口配额措施、进出口许可证措施、外汇管辖措施、商品检验措施、原产地措施、政府采购措施、反倾销措施、反补贴措施、保障措施、技术性贸易壁垒措施等。两者的区别主要为:

(1)关税措施具有透明度,而非关税措施具有隐蔽性。关税具有透明度高,易衡量的特点,关税一经制定并公布,即为人所共知,无论是本国人还是外国人,其执行情况也被置于众目的监督下。而非关税措施则具有较强的隐蔽性,此类措施常常以履行正常的海关手续为借口,间接的达到保护的目的。且不论实际采用哪种方式,如许可证或配额,其实施过程的隐蔽性,容易造成贪污受贿的发生,实施监督的难度较大。

(2)关税措施具有公正性,而非关税措施具有歧视性。关税适用于一切进口货物,再配合最惠国待遇原则的适用,因此对于各进口方是平等的。在关税措施下,进口来源以及贸易额大小,均在一定条件下按供需状况和市场机制自动做出调整,进口货会向物美价廉转化,贸易额也会适应国内消费需求而增减,因此,关税措施是一种市场的、优化的和公正的措施。而非关税措施本身固有的歧视性则很难用最惠国待遇原则或不歧视原则完全消除,而且限额一旦确定,即将贸易方位、进口来源以及贸易数额人为封死,产品质量、消费偏好等均不能起到应有的市场调节作用。所以对贸易的扭曲作用较大。

(3)关税措施具有稳定性,而非关税措施则具有随意性。关税措施一般要经立法机关以关税法及关税税则形式发布,并保持一定时期不变,具有相对稳定性。而非关税措施主要依靠行政措施和命令实施,是由行政部门酌情决定的,不受法律程序的约束,容易加入一些非经济因素,如利用贸易进行政治交易,脱离国际经济的市场轨道。对非关税措施也没有十分有效的国际监督和控制措施,因此,随意性较大。

第六章　国际技术贸易法

一、不定项选择题

1. 知识产权领域第一个世界性多边公约是下列哪项？（　）

A.《世界版权公约》

B.《与贸易有关的知识产权协议》

C.《保护文学艺术作品伯尔尼公约》

D.《保护工业产权巴黎公约》

2. 下列国际公约中，我国已加入的有下列哪几项？（　）

A.《保护工业产权巴黎公约》

B.《世界版权公约》

C.《保护文学艺术作品伯尔尼公约》

D.《与贸易有关的知识产权协议》

3. 依《保护文学艺术作品伯尔尼公约》的规定，非该公约成员国的国民，其作品首次在公约某一成员国出版，或同时在某一成员国及其他非成员国首次出版，则应在一切成员国中享有下列哪一种待遇？（　）

A. 最惠国待遇　　　B. 优惠待遇

C. 差别待遇　　　　D. 国民待遇

4.《保护文学艺术作品伯尔尼公约》的基本原则包括下列哪项？（　）

A. 国民待遇原则

B. 最惠国待遇原则

C. 版权独立性原则

D. 优先权原则

5.《保护工业产权巴黎公约》的基本原则包括下列哪几项？（　）

A. 优先权原则　　　B. 自动保护原则

C. 国民待遇原则　　D. 独立性原则

6. 根据《保护工业产权巴黎公约》，各成员国应当对下列哪些证书的申请给予优先权？（　）

A. 专利权　　　　　B. 商标

C. 实用新型　　　　D. 工业品外观设计

7. 关于《保护工业产权巴黎公约》对专利权的特别规定，下列说法中正确的有哪几项？（　）

A. 各成员国无权采取立法措施，颁发强制许可证

B. 由于我国禁止枪支的自由买卖，因此我国专利局有权以此为理由驳回某种新型手枪的发明专利申请

C. 专利所有人将在任何成员国内制造的物品输入到核准该项专利权的国家，不应导致该项专利权的撤销

D. 当一种产品输入到对该产品的制造方法享有专利保护的成员国时，专利权所有人对该进口产品应享有进口国法律对制造产品的方法所给予的一切权利

8. 关于《世界版权公约》，下列表述正确的有哪几项？（　）

A. 适用版权自动保护原则

B. 适用版权非自动保护原则

C. 只保护作者的经济权利

D. 保护作者的精神权利和经济权利

9. 根据乌拉圭回合谈判中达成的《与贸易有关的知识产权协议》的规定，对计算机程序、数据库应依照哪一方面的法律提

供保护?( )

A. 专利法　　B. 商标法

C. 版权法　　D. 专有技术

10. 依据《与贸易有关的知识产权协议》,下列哪些表述是正确的?( )

A. 计算机程序应作为文学作品保护

B. 各成员可决定商标许可与转让的条件,但不允许商标的强制许可

C. 成员方必须以专利形式对植物新品种提供保护

D. 司法当局有权禁止那些对知识产权构成侵权的进口商品进入商业渠道

11. 和《巴黎公约》相比,《与贸易有关的知识产权协议》在哪些方面提高了对驰名商标的特殊保护?( )

A. 规定驰名商标的认定不以注册为前提,使用亦可成为认定的依据

B. 规定驰名商标的特殊保护原则可以扩大适用于服务标记

C. 将驰名商标特殊保护的规定比照适用于与该商标核准使用的商品或服务不相类似的商品或服务

D. 规定对以不诚实手段取得注册或使用的商标提出取消注册或禁止使用的要求的,不应规定时间限制

12. 乌拉圭回合谈判中通过了《与贸易有关的知识产权协议》,其对未披露的信息提供保护。这些信息得到保护应当具备以下哪些条件?( )

A. 未经公开的

B. 呈送给政府机构的

C. 具有商业价值的

D. 信息所有者采取了合理保密措施的

13. 下列哪些属于实体性的知识产权国际公约?( )

A.《保护工业产权巴黎公约》

B.《专利合作条约》

C.《商标国际注册马德里协定》

D.《世界版权公约》

14. 国际许可证协议中的技术受让方所取得的通常是技术知识的什么权利?( )

A. 所有权　　B. 使用权

C. 占有权　　D. 收益权

15. 在签订国际许可合同时,一次性算清各项技术项目所应支付的全部费用,由双方当事人确定一个固定的金额,并在合同中加以明确规定,这称为下列哪项?( )

A. 统包价格

B. 提成价格

C. 入门费加提成的价格

D. 一次总付价格

16. 下列哪几项可以成为国际许可证协议的标的?( )

A. 专利技术使用权

B. 商标使用权

C. 计算机软件使用权

D. 大型成套设备使用权

17. 下列哪些是专利许可证协议的特有条款?( )

A. 保密条款

B. 维持权利有效性条款

C. 质量监督和保证条款

D. 详细的技术保证条款

18. 依我国 2002 年的《技术进出口管理条例》,下列哪些内容是技术进出口合同中不得含有的限制性商业条款?( )

A. 限制受让方自由选择从不同来源购买材料及零部件

B. 限制受让方从其他来源获得类似技术

C. 双方改进技术的条件不对等

D. 禁止受让方在合同期满后继续使用引进的技术

二、名词解释

1. 临时性保护原则
2. 版权自动保护原则
3. 地理标志
4. 专有技术
5. 国际许可证协议
6. 独占许可证协议
7. 分许可协议
8. 最高提成
9. 统包价格
10. 鉴于条款
11. 不得反控条款
12. 限制性商业条款

三、简答题

1. 列举1967年的《建立世界知识产权组织公约》要求成员保护的知识产权的范围。

2. 知识产权国际保护的途径有哪些?

3. 《保护文学艺术作品伯尔尼公约》对版权保护客体有哪些最低要求?

4. 《保护工业产权巴黎公约》对商标转让有何规定?

5. 在版权保护方面,TRIPS在哪几个方面对《伯尔尼公约》进行了补充?

6. 与《巴黎公约》相比,TRIPS哪些方面扩大了对驰名商标的特殊保护?

7. 和《集成电路条约》相比,TRIPS对集成电路布图设计保护水平的提高表现在哪些方面?

8. 根据TRIPS的规定,未披露信息的构成要件有哪些?

9. 列举国际许可证协议的特征。

10. 国际许可证贸易常用的计价与支付方式有哪些?

11. 列举专有技术许可证协议的特有条款。

12. 列举商标许可证协议的特有条款。

四、论述题

1. 试述《保护工业产权巴黎公约》关于优先权原则的规定。

2. 试述《保护文学艺术作品伯尔尼公约》关于版权权利限制的规定。

3. 试述《与贸易有关的知识产权协定》(TRIPS)的基本原则。

4. 试述发达国家和发展中国家关于限制性商业条款的分歧以及我国有关的法律规定。

五、案例分析题

1991年12月,我国甲公司与日本乙公司经过多次会晤达成协议,甲公司购买乙公司生产的A类产品的专利技术,在合同有效期(1992年1月1日至1996年12月31日)乙公司不再把此项专利转让给中国其他厂家,且自己生产的A类产品也不再销往中国。鉴于日方损失的市场份额较大,甲公司于1991年12月底一次性支付了人民币30万元,并承诺每年将年销售额的10%付给乙公司。1992年,由于担心产品没有知名度难以打开市场,在生产出第一批专利产品时,甲公司用和乙公司相同的商标和包装将这批产品投放市场,结果当年销量极大,1992年12月底,甲公司将当年销售额的10%如数支付给乙公司。没想到的是,1993年3月,乙公司以商标侵权为由(乙公司商标已于1990年在我国注册)至函甲公司要求赔偿,而甲公司却认为利用乙公司专利技术生产的产品自然可采用乙公司的商标,因而对其索赔要求不予理睬。1993年6月,乙公司向我国法院提起诉讼。关于本案,下列选项中正确的有哪几项?为什么?

A. 从授权性质上讲,甲乙公司之间签订的专利技术许可证协议属于排他许可

B. 甲公司的行为构成侵权,因为许可证协议转让的仅为专利技术的使用权,而

不包括商标使用权

C. 甲公司的行为不构成侵权,因为利用乙公司专利技术生产的产品自然可以采用乙公司的商标进行销售

D. 甲乙双方采用的是入门费加提成的计价与支付方式

参 考 答 案

一、不定项选择题

1. D　　2. ABCD　　3. D
4. AC　　5. ACD　　6. ABCD
7. CD　　8. BC　　9. C
10. ABD　11. BC　　12. ACD
13. AD　　14. B　　15. A
16. ABC　17. B　　18. AB

二、名词解释

1. 这是《保护工业产权巴黎公约》的一项基本原则。指的是缔约国应对在任何一个成员国内举办的或经官方承认的国际展览会上展出的商品中可以取得专利的发明、实用新型、外观设计和商标给予临时保护。如果展品所有人在临时保护期内申请了专利或商标注册,则申请案的优先权日不再从第一次提交申请案时起算,而从展品公开展出之日起算。

2. 这是《保护文学艺术作品伯尔尼公约》的一项基本原则。指的是享有及行使依国民待遇所提供的有关权利时,不需要履行任何手续。按照这一原则,公约成员国国民及在成员国有惯常居所的其他人,在作品创作完成时即自动享有著作权;非成员国国民又在成员国无惯常居所者,其作品首先在成员国出版或在一个成员国和非成员国同时出版时即享有著作权。

3. 地理标志是指表示一种商品的产地在某一成员领土内,或者在该领土内的某一地区或地方的标志,而某种商品的特定品质、名声或者其特色主要是与其地理来源有关。

4. 专有技术也叫做技术诀窍或技术秘密,是指有一定价值的可以利用的、为有限范围的专家知道的、未在任何地方公开过其完整形式且不作为工业产权取得任何形式保护的技术知识、经验、数据、方法或其组合。

5. 国际许可证协议又叫国际许可合同,是指技术出让方将其技术使用权在一定条件下跨越国境地让渡给技术受让方,而由受让方支付使用费的合同。

6. 独占许可证协议:指在协议规定的时间和地域范围内,许可方授予被许可方技术的独占使用权,许可方不仅不能将该技术使用权另行转让给第三方,而且许可方自己也不能在该时间和地域范围内使用该项出让的技术。

7. 分许可协议,又称从属许可证协议,指被许可方将其从许可方处获得的技术使用权再转让给第三方的合同。订立分许可合同必须经原许可方同意或在原许可合同中有明确的规定。

8. 最高提成是指双方约定在一定时期内,当提成费达到一定金额以后,即使作为提成基础的产量、净销售额或利润增加,提成费也不再增加。

9. 统包价格,也称为固定价格或一次总算价格。即在合同中一次算清一个明确的技术使用费数额,并在合同中固定下来,可由被许可方一次付清或分若干期付清。

10. 鉴于条款是指在合同正文开始处用以说明双方交易意图和转让技术合法性的条款。鉴于条款不仅仅能说明双方的交易意图,其更主要的作用是要当事人双方(主要是许可方)在合同一开始就明确地作出某些法律上的保证,一旦发生纠纷,仲裁机构或法院可以根据这一条款判断责任

归属。

11. 不得反控条款，又叫做权利不争条款，是专利许可证协议的特有条款之一。指被许可方在获得了许可方的专利技术后，在整个合同有效期内，不得对该专利提出异议或进行无效诉讼。对不得反控条款的效力，不同国家的法律有不同的规定。

12. 国际许可证协议中的限制性商业条款是指在国际许可证协议中由技术许可方向被许可方施加的，法律所禁止的，造成不合理限制的合同条款。这些条款或者直接影响市场竞争，或者对国际技术贸易尤其是对发展中国家引进技术及其经济发展造成不利影响。

三、简答题

1. 1967 年的《建立世界知识产权组织公约》第 2 条第(8)款规定,知识产权包括下列权利:(1)与文学、艺术及科学作品有关的权利(即狭义的著作权或作者权);(2)与表演艺术家的表演活动、与录音制品及广播有关的权利(即著作邻接权或有关权利);(3)与人类创造性活动的一切领域内的发明有关的权利(即专利发明、实用新型及非专利发明享有的权利);(4)与科学发现有关的权利;(5)与工业品外观设计有关的权利;(6)与商品商标、服务商标、商号及其他商业标记有关的权利;(7)与防止不正当竞争有关的权利;(8)其他一切来自工业、科学及文学艺术领域的智力创造活动所产生的权利。

2. 知识产权国际保护的途径目前主要包括以下三种:(1)互惠保护。这是一种附条件的保护,其含义是指某一外国若承认并保护依本国法确认的知识产权,那么本国亦承认并保护依该外国法确认的知识产权。互惠保护主要为一些知识产权立法滞后或差异的国家采用。(2)双边条约保护。即双方通过签订双边协定的方式,相互保护对方的知识产权。(3)多边(国际)公约保护。这是现今国际上保护知识产权的最主要的途径。多边公约又包括世界性公约和区域性公约(如欧洲专利公约、非洲专利合作条约等)两种,前者的适用范围没有区域限制,而且内容多系立法性的,规定各缔约国知识产权立法的最低水平,因此对知识产权国际保护影响最大;后者是为适应局部地区的特殊需要而产生,其对于协调区域内各国知识产权保护制度,维持相同的知识产权保护水平作用很大。

3. 伯尔尼公约对成员国版权法必须保护的客体、可以选择予以保护的客体以及不应保护的客体均作了详尽的规定。《伯尔尼公约》规定:成员国必须保护的作品包括文学艺术作品、演绎作品以及实用艺术作品和工业品外观设计。成员国可以选择给予保护的作品包括官方文件、讲演、演说或其他同类性质的作品以及民间文学艺术作品。版权保护不适用于日常新闻或纯属报刊消息性质的社会新闻,理由是这类东西缺乏构成作品条件的创造性因素。

4. 《巴黎公约》规定:当依成员国法律,商标转让只有连同该商标所属厂商或牌号同时转让方为有效时,则只需将该厂商或牌号在该国有部分连带的被转让商标的商品在该国制造或销售的独占权一起转让给受让人,就认为其转让有效。如果受让人使用该商标事实上会引起公众对带有该商标的商品原产地、性质或重要品质等发生误解时,上述规定并不强使成员国承认该项商标转让为有效。

5. 在版权保护方面,TRIPS 在以下几个方面对《伯尔尼公约》进行了补充:(1)在保护客体方面,将计算机程序和有独创性的数据汇编明确列为版权保护的对象;(2)在权利内容方面,增加了计算机程序和电影作品的出租权;(3)延长了某些作品的保护期。TRIPS 第 12 条规定："除摄影作品和实用艺术作品外,如果某作品的保护期并非按自然人有生之年计算,则保护期不得少于经许可而出版之年年终起 50 年,若作品在创作后 50 年内没有出版,则保护期应不少于作品创作之年年终起 50 年。"而按照此前的伯尔尼公约,电影作品、不具名作品和假名作品的保护期为该作品合法公之于众之日起 50 年。而合法公之于众除出版外,还包括很多其他方式,如公开表演、公开朗诵或向公众传播,那么,如果有人采用非出版的方式将上述作品公之于众,按照伯尔尼公约保护期已经开始起算,而按照 TRIPS 则保护期还没有开始起算,必须等到将来出版时才起算。

6. 与《巴黎公约》相比,TRIPS 扩大了对驰名商标的特殊保护,具体表现在两方面:一方面,《巴黎公约》第 6 条之 2 关于驰名商标的保护原则可以扩大适用于服务标记,确认某一商标是否驰名,要看相关公众对其的知晓程度,包括在该成员地域内因宣传而使公众知晓的程度;另一方面,将相对保护扩大为绝对保护,即驰名商标特殊保护的规定还应比照适用于与该商标注册的商品或服务不相类似的商品或服务。

7. 和《集成电路条约》相比,TRIPS 对集成电路布图设计保护水平的提高表现在以下几个方面:第一,扩大了权利保护范围。集成电路条约只保护布图设计和含有受保护布图设计的集成电路,但不保护含有受保护集成电路的物品,这与美国等发达国家的保护标准不一致,因此成为这些国家不参加集成电路条约的一个重要原因。因此,TRIPS 在吸纳《集成电路条约》关于保护标准的规定时,顺应发达国家的要求,最终还是将保护对象扩大到了含有受保护集成电路的物品。第二,将《集成电路条约》8 年的保护期延长为 10 年。此

外,TRIPS 还允许成员将布图设计的保护期限规定为自创作完成之日起 15 年。第三,对善意侵权作出了补充规定。即规定善意侵权人在收到该布图设计系非法复制的明确通知后,仍可以就其现有存货或订单继续实施其行为,但有责任向权利持有人支付报酬,其数额应与根据自由谈判达成协议应支付的许可费相当。

8. 根据 TRIPS,未披露的信息要得到保护必须符合三个条件:第一,信息是秘密的,即信息整体或者其组成部分的确切组合不是通常从事该信息行业界的人所普遍知悉或容易获得的;第二,该信息因为秘密而具有商业上的价值;第三,合法控制信息的人为了保守该信息的秘密性,已经根据情况采取了适当的措施。

9. 和普通的国际货物买卖合同相比,国际许可证协议具有如下显著的特征:(1)时间性。在国际许可证贸易中,合同的时间,即合同有效期往往是当事人双方谈判的焦点之一,许可方总希望有效期长一点,而被许可方则希望尽量短一点。其原因是国际许可证协议通常采用提成或入门费加提成的计价与支付方式,合同的时间和价格成正比,合同有效期越长,提成费越多,合同的总价也就越高。(2)地域性。国际许可证协议的种类很多,但无论哪种许可证协议通常都要明确规定地域性条款,即被许可方在哪些地域范围内享有使用权、制造权和合同产品的销售权。(3)法律性。其法律性主要体现在两个方面:其一,国际许可证协议涉及的法律内容非常广泛,这些法律都在某一方面调整着许可证合同,违反任何一种法律的合同条款都是无效的;其二,世界上多数国家都对国际许可证协议有程序上的要求,即合同的有效成立必须经过国家有关部门的批准或备案等。(4)有偿性。(5)国际性。即许可方和

被许可方必须分处不同国家,作为转让标的的技术必须作跨越国境的移动。

10. 在国际许可证贸易的实践中,合同使用费的计算方式主要有以下三种:(1)统包价格,也称为固定价格或一次总算价格。即在合同中一次算清一个明确的使用费数额,并在合同中固定下来,可由被许可方一次付清或分若干期付清。采用统包价格对被许可方来说风险较大,因此实践中使用不多。(2)提成价格,也称为滑动价格。即在合同中规定,在项目建成投产后,按合同产品的产量、净销售额或利润(统称为提成基础)提取一定百分比(提成率)的费用作为使用费。采用提成价格对被许可方较为有利。(3)入门费加提成的价格,又称为固定和提成相结合的价格。即在合同中规定,在合同生效后被许可方立即支付入门费,在项目投产后一定期限内支付提成费。这种计价方式综合了统包价格和提成价格的优势,风险由双方分担,比较合理,因而成为最常用的计价方式。我国在对外技术贸易中也多采用此方式。

11. 专有技术许可协议的特有条款主要包括:(1)详细的合同范围条款和技术保证条款。在专有技术许可证协议中,合同范围条款中要详细描述转让技术的具体内容,必要时还有大量的说明书、流程图等作为合同的附件。此外,协议中往往有一专门的技术保证条款,由许可方对技术资料的完整、正确、清晰,技术服务和人员培训,相关设备的性能以及合同工厂的正常运行和合同产品的性能等事项作出保证。其中,对合同工厂的运行和合同产品性能的保证是最为核心的内容,如果缺少此项内容,对被许可方可能十分不利。(2)保密条款。该条款主要包括以下内容:规定有关处理专有技术秘密文件的标准;接触有关资料的人员范围;使用分包方式时,应事

先征得许可方同意,且分包商也应承担保密义务;雇员和分包商违反保密义务的,视为被许可方违反保密义务;被许可方雇员在退休或离职后一定时间内应承担保密责任等等。(3)协议期满继续使用专有技术条款。但要注意的是,目前各国对这一条款的合法性有不同规定。因此,在签订期满继续使用技术条款时要注意不要和有关国家的法律规定相冲突。

12. 商标许可证协议的特有条款主要包括:(1)使用商标的形式。主要有以下四种:单独使用许可方的商标;单独使用许可方的商标,同时注明生产国家和生产厂家;使用联结商标,即将许可方商标和被许可方商标中有代表性的部分联结起来,组成一个新商标,在被许可方所在国另行注册,其所有权属于被许可方;使用双重商标,即将许可方的商标和被许可方的商标并列。(2)质量监督条款。这是商标许可证协议最具特色的条款。其一般要求被许可方保证使用商标商品质量的一致性和符合合同规定的质量标准,许可方有权监督、检查被许可方的产品和原材料,有权到其工厂检查生产过程,有权要求其定期将产品样品送交许可方检查等。(3)商标标识的管理。这一条款一般包括三项具体内容:商标标识的获得;商标标识的使用;合同终止后对商标标识的处理。

四、论述题

1. 巴黎公约的优先权原则体现在公约的第 4 条,其具体含义包括:

(1)优先权原则适用的范围。巴黎公约的优先权原则并不是对一切工业产权均适用,它只适用于发明专利、实用新型、外观设计和商品商标。

(2)优先权原则适用的条件:已在一个成员国正式提出申请发明专利权、实用新型、外观设计或商标注册的人或其权利的

合法继受人(继承人和受让人),在规定的期限内(发明专利和实用新型专利为12个月,外观设计和商标为6个月)享有在其他成员国提出申请的优先权。当然,优先权的获得不是自动的,需要申请人在其在后申请中提出优先权申请并提供有关证明文件。

根据实用新型申请取得优先权而在一个国家申请外观设计时,其优先权期限应与对外观设计规定的优先权期限一样;在一国根据发明专利申请优先权提出实用新型申请也是允许的,反之亦然,优先权期限以后一申请的期限为准。

(3)优先权原则的效力。其具体包括两方面内容:其一,在优先权期限内每一个在后申请的申请日均为第一次申请的申请日(亦称为优先权日)。其二,在规定的申请优先权期限届满之前,任何后来在公约其他成员国内提出的申请,都不因在此期间内他人所作的任何行为而失效。

(4)多项优先权、部分优先权和分案申请。巴黎公约规定,在后申请可以要求享受一项优先权,但也可以要求享受多项优先权或部分优先权。

所谓多项优先权,是指在后申请中的发明含有几个权利要求,这几个权利要求分别以不同的在先申请中的技术方案为根据,要求各该申请的优先权,只要符合发明的单一性条件(即一发明一专利原则),是允许的。在这种情形,在后申请的优先权期限,从最早的优先权日起算。但是,如果在后申请包含一个以上的发明,审批机关要求分案申请的,申请人可以将该申请分为若干申请,分案申请除可以保留原申请日外,享有优先权的,还可以保留优先权日。

所谓部分优先权,是指在后申请中加入了在先申请中所没有的、经过改进的技术内容,这些增加的新内容并不妨碍对在先申请中已有记载的内容要求享受优先权。这样,在后申请中,其权利要求的内容在在先申请的全文中已有明确记载的,应享有优先权,其余权利要求的内容在在先申请中没有明确记载的则不能享有优先权,所以这是部分优先权。

2.“权利限制”指的是有的行为本来应属侵犯了版权人的权利,但由于法律把这部分行为规定为侵权的“例外”,从而不再属于侵权。因此,有些国家的版权法中把“权利限制”称为“专有权所控制的行为之例外”。从本质上讲,版权法中的权利限制是对版权人利益和广大公众利益加以平衡的结果,因为为鼓励和促进人们的创造积极性,版权人的利益需要得到保护,但为使这种创作成果广为传播以及鼓励和促进在这些创造成果基础上的再创造,版权人的利益不应是无止境的。鉴于此,各国的版权法均程度不同地对版权人的专有权利作出限制。但是,如果各成员国无限扩大权利限制的范围,又会使有关公约提供的最低限度的保护水平受影响。因此,伯尔尼公约以及所有实质性版权公约都在对成员国提出最低要求的同时,把各国版权法权利限制的条款限定在一定范围内。在伯尔尼公约中,这种对权利限制的限制表现为下列几种情形。

(1)对“合理使用范围”(使用无须经许可,也无须付费)的限制。公约允许的合理使用仅包括以下几种:其一,成员国法律可以允许在某些特殊情况下复制文学和艺术作品。“特殊情况”的范围由成员国确定,各国版权法通常规定个人为学习、研究或欣赏的需要,图书馆为保存版本的需要,为教学和科研的需要等等;其二,从一部合法公之于众的作品中摘出引文,包括以报刊提要形式引用报纸期刊的文章,只要符合合理使用的惯例,在为达到目的的正当需要范围内,就属合法。但引用时应注明作品出处,如果原出处上有作者姓名,也应同时注明。其三,为教育目的利用作品,但也须符合合理使用的惯例以及须指明出处。其四,成员国的法律可以允许通过报刊、广播或向公众有线传播,复制报纸、期刊上的讨论经济、政治或宗教的时事性文章,或者具有同样性质的广播作品,但以对这种复制、广播或有线传播未明确予以保留的为限。并且,均应说明出处。其五,报道实事时使用作品。

(2)对广播权和录制权强制许可的限制。允许成员国立法以强制许可取代版权人享有的广播专有权和录制专有权,但不得因此损害作者的精神权利和获得合理报酬的权利。所谓"以强制许可取代版权人享有的广播专有权和录制专有权",是指成员国可以通过立法规定广播和录制版权作品的条件。广播组织和录制者可以事先不经版权人许可,只要按法律规定的条件广播或录制版权作品,就视为已得到版权人的许可,不视为侵权。

3. 国民待遇原则和最惠国待遇原则是 TRIPS 的首要基本原则。

(1)国民待遇原则。TRIPS 国民待遇原则的基本含义是:各成员在知识产权保护上,对其他成员之国民提供的待遇,不得低于其本国国民。但伯尔尼公约第 6 条和罗马公约第 16 条第 1 款(B)项所允许的成员国在特殊场合以互惠原则取代国民待遇原则的规定依然有效。

根据伯尔尼公约第 6 条,允许在非成员国版权保护水平太低的情况下,对其因"作品国籍"原应享有的国民待遇,代之以近似互惠的保护,即成员国对因"作品国籍"而应予保护的作品无须给予比首次出版国所给予的更广泛的保护。作出这一规

定的原因是依据伯尔尼公约"双国籍国民待遇原则"中的"作品国籍标准",对作者为非成员国国民而首次出版于某一成员国的作品,成员国应为其提供国民待遇。而该作品作者所在国有时版权保护水平极低,甚至有的连版权法都没有,因此成员国的作品在这些国家可能肆无忌惮地被"盗版"。在这种情况下要求成员国为其国民的作品提供完全的国民待遇似乎太不公平,因此公约作出上述以近似"互惠"取代国民待遇的规定。之所以采用"近似互惠"的提法,是因为如果完全互惠,即成员国提供的保护应与作者所在国给予成员国国民的保护相当,包括对无版权法之国的作品将完全不予保护,而不是公约要求的"无须给予比首次出版国所给予的更广泛的保护"。

罗马公约第 16 条第 1 款(B)项的内容与伯尔尼公约第 6 条相同,只不过受限制保护的主体不是作者而是广播组织,受限制的权利不是版权而是"向公众传播电视的权利"。

(2)最惠国待遇原则。在 TRIPS 之前,最惠国待遇原则从未出现在知识产权条约中,而协定之所以包含这一原则大概是因为其是关贸总协定的基本原则之一,是为了保证贸易的公平竞争所必须的,因此"与贸易有关的"知识产权协定自然也应将这项基本原则纳入。根据 TRIPS 的最惠国待遇原则,在知识产权的保护上,某一成员提供其他国国民的任何利益、优惠、特权或豁免,均应无条件地适用于全体其他成员之国民。

但是,和 WTO 的最惠国待遇一样,TRIPS 的最惠国原则也有例外。具体地说例外包括如下四项:①由一般性司法协助及法律实施的国际协定引申出的且并非专为保护知识产权的;②《伯尔尼公约》和

《罗马公约》允许的按互惠原则提供的优惠；③TRIPS 未加规定的表演者权、录音制作者权和广播组织权；④建立 WTO 协定生效之前业已生效的保护知识产权国际协定中产生的。

（3）上述国民待遇和最惠国待遇的规定不适用于由世界知识产权组织主持缔结的多边协定中有关获得或维持知识产权的程序。这也就是说，这些多边协定中规定的给予缔约国在程序上的优惠待遇，没有加入这些多边协定的世界贸易组织的成员是不能依据国民待遇或最惠国待遇原则要求享受的。

4. 国际许可证协议中的限制性条款是指在国际许可证协议中由技术许可方向被许可方施加的，法律所禁止的，造成不合理限制的合同条款。这些条款或者直接影响市场竞争，或者对国际技术贸易尤其是对发展中国家引进技术及其经济发展造成不利影响。

（1）发达国家和发展中国家关于限制性商业条款的分歧。发达国家用以调整和管制国际许可证协议中限制性条款的法律主要是一般性法律，即这些国家的反垄断法。由于在发达国家，反垄断立法起步普遍较早，而国际许可证贸易却是后来才发展起来的一种新的贸易形式，因此，国际许可证协议中出现的限制性商业条款自然地被纳入到反垄断法的调整范围。和一般的货物贸易中的限制性做法一样，这些条款被禁止与否的标准仍然是看它是否妨碍了竞争，限制了自由贸易，这也就形成了发达国家判断国际许可证协议中限制性商业条款的基本标准，即"竞争"标准。此外，由于技术贸易和货物贸易相比有它自己的特点，单纯适用"竞争"标准来判定限制性条款可能不合实际，因此，在发达国家中又形成了一种"合理规则"作为"竞争"标准的补充，即法律根据"竞争"标准规定一些不合理的限制性条款，但一项具体的合同条款是否"合理"，只有当纠纷发生时由法院或仲裁机构加以确认。这种"竞争"标准与"合理规则"的配套使用，从法理上来说虽然具有科学性，但同时也具备不确定性的缺点，这对保护合同当事人的权利是不利的。和发达国家不同，广大的发展中国家主要是通过制定专门的技术转让法规，设立专门的行政机构对国际许可证协议进行登记批准来控制各种限制性商业条款。发展中国家大多是 20 世纪中叶获得民族解放，实现政治独立的国家。这些国家在殖民统治时期，是各殖民者抢夺的市场，因而根本不可能有反垄断法存在的可能。在获得民族解放和政治独立以后，这些国家为了迅速地发展经济，开始大量引进国外的资金和技术。但是，在大量引进后不久，它们发现相当多的技术许可方在收取高额的许可费并把许多不公平、不合理的条款强加于本国技术引进方后，提供的技术却并不是先进的，有的甚至已落后不适用或会引起严重的环境污染等恶果。鉴于这种原因，从 20 世纪 70 年代起，各发展中国家纷纷开始干预技术引进，其最主要的手段就是制定颁布专门的技术转让法（其中多为技术引进法）和成立专门机构对许可证协议进行管理。相应的，在判断什么是限制性商业条款上，发展中国家大多以"发展"为标准，即看这种条款是否会形成任何对许可方的依附关系，而限制了技术引进方的生产和技术发展。在立法技巧上，发展中国家多使用列举的方法明确每一个限制性条款，同时给予主管机关一定的取舍权，即主管机关有权保留一些实际损害不大或者利大于弊的限制性商业条款。

由于在对国际许可证协议限制性商业条款的调整上适用不同的标准，因此发达国家和发展中国家在限制性条款问题上存在很大的分歧,这种分歧也成为从 1978 年 10 月 16 日就开始进行的《联合国国际技术转让行动守则》谈判至今没有正式结果的一个重要原因。

(2)我国 2002 年 1 月 1 日的《技术进出口管理条例》有关限制性商业条款的规定就是在参考该守则草案的基础上制定的。根据该条例,我国的技术进出口合同不得含有下列限制性条款:①要求受让人接受并非技术进口必不可少的附带条件,包括购买非必需的技术、原材料、产品、设备或者服务;②要求受让人为专利权有效期限届满或者专利权被宣布无效的技术支付使用费或者承担相关义务;③限制受让人改进让与人提供的技术或者限制受让人使用所改进的技术;④限制受让人从其他来源获得与让与人提供的技术类似的技术或者与其竞争的技术;⑤不合理地限制受让人购买原材料、零部件、产品或者设备的渠道或者来源;⑥不合理地限制受让人产品的生产数量、品种或者销售价格;⑦不合理地限制受让人利用进口的技术生产产品的出口渠道。

五、案例分析题

BD。由于甲乙双方在许可证协议中约定"在合同有效期乙公司不再把此项专利转让给中国其他厂家,且自己生产的 A 类产品也不再销往中国",因此从授权性质上讲,该许可证协议为独占许可。因此 A 选项错误。由于许可证协议仅涉及专利技术使用权的转让,因而甲公司未经许可使用乙公司商标的行为构成侵权,因此 B 选项正确,C 选项错误。由于双方约定"甲公司于 1991 年 12 月底一次性支付了人民币 30 万元,并承诺每年将年销售额的 10％付给乙公司",因此协议采用的是入门费加提成的计价与支付方式,D 选项正确。

第七章　国际投资法

一、单项选择题

1. 国际投资法调整的关系是（　）

A. 国家及国际经济组织之间的经济关系

B. 国际私人直接投资关系

C. 国际私人间接投资关系

D. 只涉及国际法规范关系

2. 提交"解决投资争端国际中心"调停或仲裁的争端,必须是什么性质的法律争端（　）

A. 和投资有关的

B. 直接由于投资引起的

C. 投资引起的

D. 包括由和投资有关的国际贸易引起的

3. 1965 年《解决国家和他国国民间投资争端公约》简称为（　）

A. 纽约公约　　　B. 汉城公约

C. 华盛顿公约　　D. 海牙公约

4. 美国海外私人投资公司是（　）性质的海外投资保险机构。

A. 属于政府机构

B. 具有政府职能的公司法人

C. 私人保险公司

D. 国营公司

5. 1965 年《解决国家和他国国民间投资争端公约》是在（　）主持下制定的,根据公约设立了"解决投资争议国际中心"。

A. 国际货币基金组织

B. 国际清算银行

C. 世界银行

D. 联合国国际贸易法委员会

6. 多边投资担保机构承保的投资风险不包括（　）

A. 征收和类似措施险

B. 投资者违约险

C. 通货膨胀险

D. 战争和内乱险

7. 根据 1965 年《华盛顿公约》设立的"解决投资争议国际中心",简称（　）

A. MIGA　　　　　B. ICSID

C. IMF　　　　　　D. WBG

8. 根据《服务贸易总协定》对服务贸易范围的界定,哪一种提供服务的方式与投资有关?（　）

A. 跨境交付　　　B. 境外消费

C. 商业存在　　　D. 自然人流动

二、多项选择题

1. 国际直接投资包括（　）

A. 一美国股民购买中国联通公司在美国上市的股票

B. 英荷消费品集团联合利华收购美国贝斯特食品公司

C. 中国石油天然气股份有限公司与壳牌公司签订合资经营加油站的协议

D. 美国维德路特公司在中国北京,上海,广州成立办事处,并建立了行销及技术支持中心

2. 海外投资保险制度和一般商业保险制度相比,具有下列哪些特点?（　）

A. 营业性

B. 政府保证

C. 为私人之间的间接投资提供保证

D. 只承保政治风险,不承保商业风险

3. 多边投资担保机构承保的投资风险包括(　)

A. 征收和类似措施险

B. 投资者违约险

C. 货币兑换险

D. 战争和内乱险

4. 下列投资东道国政府所采取的措施或要求,是《TRIMs 协议》所禁止的(　)

A. 贸易平衡要求

B. 进口用汇要求

C. 当地含量要求

D. 国内销售要求

5. 根据《多边投资担保机构公约》规定,合格东道国必须满足的条件是(　)

A. 必须是发展中国家会员国

B. 必须经这个发展中国家同意承保

C. 必须是可以得到公平待遇和法律保护的国家

D. 必须是和投资者母国有双边协定的国家

6. 跨国公司的特征是(　)

A. 经营活动的跨国性

B. 战略的全球性和管理的集中性

C. 跨国公司内部实体的相互联系性

D. 跨国公司利益和跨国公司营业地所在国(包括母国和东道国)利益之间的冲突性

7. 中国于 1986 年 12 月 2 日正式加入《承认和执行外国仲裁裁决公约》(简称《纽约公约》)时,提出了两点保留(　)

A. 互惠保留　　B. 最惠国待遇

C. 商事保留　　D. 契约保留

8. 国际直接投资企业形成的途径有(　)

A. 在国外设立分公司

B. 兼并原有企业

C. 在国外设立合营企业

D. 收购

9. 关于对外国投资者的待遇标准,国际上有以下几种学说(　)

A. 国民待遇标准

B. 最惠国待遇标准

C. 国际标准

D. 公平与公正待遇

10. 依照 1965 年《华盛顿公约》关于ICSID 管辖权的规定,有关将案件提交中心调解或仲裁必须具备的要件有(　)

A. 争议当事人的一方必须是缔约国国家,他方是另一缔约国国民

B. 必须是直接产生于投资的法律争议

C. 双方当事人必须书面同意将争议提交中心管辖

D. 参加该公约的成员国意味着其自动接受中心的强制管辖

11. 根据《华盛顿公约》,有关争议提交 ICSID 管辖时,下列说法正确的有(　)

A. 提交 ICSID 管辖的争议必须采取仲裁的方式

B. ICSID 仲裁时只能适用东道国法律

C. ICSID 的仲裁裁决是终局的

D. ICSID 的仲裁裁决不仅约束当事人双方而且对所有缔约国都有约束力

12. 根据双边投资保护协定,受保护的投资者通常包括缔约双方国家的自然人、法人或不具有法人资格的其他经济实体。缔约一方一般对下列(　)投资者给予条约保护。

A. 具有缔约国国籍或在缔约国境内有住所的自然人

B. 依缔约国法律设立或在该缔约国国内有住所的法人或非法人经济实体

C. 由缔约国公民或法人控制的第三国或对方缔约国的公司

D. 与缔约一方无重要联系,由第三国国民所控制的实体

三、名词解释

1. 国际直接投资
2. 国际投资法
3. 国有化或征收
4. 卡尔沃主义
5. MIGA
6. 跨国公司
7. BOT
8. 特许协议
9. 外交保护

四、简答题

1. 卡尔沃主义的基本原则以及卡尔沃条款的基本内容。

2. 简述跨国并购的概念和跨国并购企业的特点。

3. 简述双边投资条约的类型。

4. 根据《TRIMS 协议》,与 GATT94 规定的国民待遇和一般取消数量限制原则不相符的与贸易有关的投资措施。

5. 简述《服务贸易总协定》关于国民待遇和市场准入的关系。

6. 简述关于国有化或征收补偿标准的三种理论。

五、论述题

试述多边投资担保机构的担保业务的主要内容以及 MIGA 的作用。

六、案例分析题

1968 年 4 月,设在美国特拉华州的阿姆科(亚洲)公司与印尼一个军方控制企业 P.T.威兹玛签订了一份投资协议。为履行协议,阿姆科(亚洲)公司向印尼政府提出申请,根据印尼 1967 年《外国投资法》设立 P.T.阿姆科公司从事卡迪卡饭店的建设与经营,同时规定 P.T.阿姆科公司与印尼政府之间的任何争端交付 ICSID 仲裁。P.T.阿姆科公司的授权股份资本是 300 万美元,且均为外国资本。1968 年 7 月 29 日,印尼公共事务部长批准了阿姆科(亚洲)公司的申请。饭店开业后,阿姆科公司与 P.T.威兹玛发生了争端。1980 年 3 月 31 日至 4 月 1 日,P.T.威兹玛在印度尼西亚军方和警察部队的协助下接管了饭店,并强行将阿姆科公司的管理人员从饭店赶出。此后不久,印尼政府取消了在投资开始时签发给公司的投资许可证。基于饭店管理权被剥夺以及投资许可被吊销这两项事实,P.T.阿姆科公司、阿姆科(亚洲)公司与另一共同投资人香港泛美开发有限公司针对印尼政府向 ICSID 提起仲裁请求。P.T.阿姆科公司曾在 1972 年将阿姆科(亚洲)公司拥有控制权的大宗股票转让给泛美公司。

请问:

(1)依照《解决国家和他国国民投资争端公约》关于解决投资争端国际中心管辖权的规定,有关将案件提交中心调解或仲裁必须具备的要件是(　　)

A. 争议当事人一方必须是缔约国国家,他方是另一缔约国国民

B. 争议必须是直接产生于投资的法律争议

C. 双方当事人必须书面同意将争议提交中心管辖

D. 该公约的缔约国意味其自动接受中心的强制管辖

(2)印尼政府对仲裁庭的管辖权提出异议,理由是 P.T.阿姆科公司是依照印尼法律设立,属于印尼法人,不能视为另一缔约国国民,所以不具备中心管辖的主体资格。阿姆科(亚洲)公司不是仲裁条款上指明的当事人,作为律师,你认为仲裁庭是否有管辖权,可以援引下列哪些理由?(　　)

A. P. T. 阿姆科公司是一家美国在印尼独资公司,并且在实质上始终受外国控制

B. 阿姆科(亚洲)公司是本案的外国投资者,P. T. 阿姆科公司只是实现投资的工具

C. 被批准的书面投资协议足以说明印尼政府已将该公司视作另一缔约国国民,并已同意"中心"仲裁

D. 阿姆科(亚洲)公司适用仲裁条款的权利随股份转让而转让

(3)若当事人未达成法律适用协议,根据《公约》的规定,中心在解决该案时,下列( )做法是正确的。

A. 应首先印尼 1967 年《外国投资法》

B. 应首先适用美国法

C. 可能适用的国际法规则

D. 当国际法与东道国法律冲突时,国际法优先

参 考 答 案

一、单项选择题

1. B　　2. B　　3. C　　4. B
5. C　　6. C　　7. B　　8. C

二、多项选择题

1. ABCD　　2. BD　　3. ACD
4. ABCD　　5. ABC　　6. ABCD
7. AC　　8. ABCD　　9. ABCD
10. ABC　　11. CD　　12. ABC

三、名词解释

1. 国际直接投资是指一国私人(包括法人、自然人)以营利为目的,以有形财产或无形财产投资外国的企业,直接或间接控制其投资企业的经营活动。

2. 国际投资法是指调整国际直接投资关系的国际法规范和国内法规范的总称。

3. 国有化或征收是指国家基于公共利益的需要对私人企业全部或部分资产实行征用,收归国家所有,即由国家采取的将私人财产收归国有的强制措施。

4. 卡尔沃主义,是南美著名国际法学家、原阿根廷外长卡尔沃在 19 世纪 60 年代提出的一种学说,即属于一国领域内的外国人同该国国民有同等受到保护的权利,不应要求更大的保护。当受到任何侵害时,应依赖所在国政府解决,不应由外国人的本国出面要求任何金钱上的补偿。其实质就是维护国家主权原则,提倡外国人与本国人待遇平等的原则,反对外国人特权地位,坚持国家属地管辖权的完整性。

5. MIGA 是多边投资担保机构的简称,根据《多边投资担保机构公约》(即《汉城公约》)成立的有完全法律人格的国际经济组织,是世界银行集团的成员。它的主要职能是为一成员国投资者在另一发展中国家成员国境内的投资提供政治风险的保险服务,主要承保货币汇兑险、征收和类似措施险、违约险、战争与内乱险。

6. 跨国公司,根据联合国跨国公司委员会 1983 年制定的《跨国公司行动守则》,跨国公司是指由分设在两个或两个以上国家的实体组成,通过一个或数个决策中心,在一个决策系统的统辖之下开展经营活动,具有一贯的政策和共同的战略,且内部各个实体之间有相互联系的企业,其中一个或数个实体对其他实体的活动能施加相当大影响,甚至还能分享其他实体的知识、资源,并为它们分担责任。

7. BOT 是英文建设(Build)—运营(Operate)—移交(Transfer)的缩写,它是指政府通过合同授予私营企业一定期限的特许经营权,许可其融资和建设特定的公用基础设施,并准许其进行经营管理和商业利用,如通过向用户收取费用或出售项

目产品等方式来清偿贷款、回收投资并赚取利润,特许期届满时将基础设施无偿移交给政府。

8.特许协议是指一个国家与私人投资者约定在一定期间,在指定地区内,允许其在一定条件下享有专属于国家的某种权利,投资于公用事业建设或自然资源开发等特殊经济活动,基于一定程序,予以特别许可的法律协议。

9.外交保护是指当本国国民在国外遇到损害,依该外国国内法程序得不到救济时,本国可以通过外交手段向该外国要求适当救济。国家行使外交保护基于国家的属人管辖权,是国家主权的体现,外交保护也是解决外国投资者与东道国政府投资争议的传统方法之一。

四、简答题

1.卡尔沃主义的基本原则有三个:(1)各主权国家是自由的和独立的,在平等的基础上享有不受其他国家通过武力或外交干涉的自由;(2)外国人对于投资或其他商事争端,只能在当地法院寻求救济;(3)外国人无权要求比国民更优惠的待遇。

卡尔沃条款就是在法律、条约或契约中订入含有卡尔沃主义精神的条款,从而使得卡尔沃主义发生现实的效力。它有两个基本内容:第一,规定因契约条款所引起的一切争议,均由所在国法院判定,以所在国国内法为准据法,反对国际仲裁或国际司法解决;第二,规定外国人因契约或其他原因所引起的要求,不能成为国际求偿,外国人须放弃诉求本国政府的外交保护,反对外国政府的代位求偿权,反对投资争议的外交干预。

2.跨国并购,又称越界并购,是指一个含有并购方式或目标公司,或目标公司的资产或股份持有人,或与目标公司股份有关的特别权利拥有人分处两个以上的不同国家或地区的因素在内的并购行为。跨国并购企业的特点:

(1)跨国性。实体分布于多国,在多国从事投资经营活动,但以某一国家为基地,受基地核心企业的控制、管理和指挥。

(2)战略的全球性和管理的集中性。跨国公司战略的制定是从跨国公司的整体利益出发的,以全世界市场为角逐目标,在全球范围内考虑公司的生产、销售和扩张,谋求最大限度的高额利润。

(3)公司内部实体间的联系性与联系方式的多样性。公司内部各实体联系的方式多种多样,有股权式和非股权形式,其中非股权形式有:许可证合同、技术协助合同、销售合同、管理合同等;在股权式中又有优先股与普通股、多数股与少数股、股份合作制、两合公司等。

(4)实体是采用并购的方式跨国建立。为迅速进入以利用固有的销售网络和市场份额,采用跨国并购而非创设式建立。

(5)法律管辖和法律适用的复杂性。由于并购方与被并购方分处不同国家,具有不同国家的法律地位,就要接受不同国家的法律管辖。为协调法律适用冲突,比较易于接受的方法是采用行为地法与属人法相结合的原则,特别是以"行为地法为主,属人法为辅"由各国自行选择和规定,同时谋求通过双边条约或多边公约的方式解决。

3.在国际实践中,广义上的双边投资条约主要有三种类型:

(1)友好通商航海条约是缔约国间就商业活动和航海自由事宜而签订的双边条约,这类条约的最初含义是全面建立和发展国家间商人往来及经济合作的协议,并非保护投资的专门性条约。

(2)投资保证协定,因是美国首创并推行,故也称美国式的投资保证协定,以担保缔约国投资者在另一缔约国境内投资的政治风险。除了美国外,加拿大也采取这种形式。这种投资保证协定只涉及到在投资者母国根据其投资保险制度给予投资者赔偿后,对投资者母国的救济,因而其保护的对象只是单方面的投资,而不是相互的投资。

(3) 促进与保护投资协定是欧洲一些发达国家与发展中国家签订的双边投资保护协定,其中以前联邦德国最为典型,因而又称为德国型的促进与保护投资协定。这种协定的特点是:①程序正式,即须通过正式的立法程序,以政府的名义签订,由最高权力机构批准;②适用广泛,这种投资侧重于对相互投资的保护,是双向的保护;③内容具体,通常由序言、正文和结尾三部分组成;④规范全面,其既包含有实体法,又有关于程序法的规范。

4. 关于国民待遇和取消数量限制的问题是《TRIMs 协议》的核心内容,规定凡产生贸易扭曲效果的投资措施,即违背GATT1994 第 3 条国民待遇义务或第 11 条一般取消数量限制义务者,都应禁止。在《TRIMs 协议》附录的解释性清单中规定了 5 种目前明确禁止的履行要求,其中包括两种违反国民待遇原则的与贸易有关的投资措施形式:(1)当地含量要求,即要求企业购买或使用最低限度的国内产品或任何国内来源的产品。具体表现为,规定有关国产品的具体名称,规定企业购买或使用国产品的数量或金额,规定企业在生产中必须使用的有关国产品的最低比例。(2)贸易平衡要求,即要求企业购买或使用的进口产品数量或金额,以企业出口当地产品的数量或金额为限。另外三种是违反一般取消数量限制原则的与贸易有关的投资措施形式:(1)贸易平衡要求,即总体上限制企业当地生产所需或与当地生产相关的产品的进口,或要求企业进口产品的数量或金额以出口当地产品的数量或金额为限。(2)进口用汇限制,即将企业可使用的外汇限制在与该企业外汇流入相关的水平,以此限制该企业当地生产所需或与当地生产相关的产品的进口。(3)国内销售要求,即限制企业出口或供出口的产品销售。

5. GATS 中与国际直接投资关系最为密切的,是其第三部分承担特定义务中关于市场准入和国民待遇的规定。GATS 关于国民待遇与市场准入的规定是既有联系又有区别的。首先,二者都是就承担特定义务而言的,一旦成员国做出特定承诺,其义务就会自动随之产生。一方面 GATS列举了 6 种影响市场准入的限制措施,除在减让表中明确列明外,成员方不得对其他成员的服务或服务提供者实施这些限制措施;另一方面 GATS 的国民待遇只适用于成员方已经做出承诺的服务部门。其次,二者区别在于,市场准入是讲外国服务的进入问题,其实质是使服务市场逐步自由化;而国民待遇则是指外国服务进入后所享受的待遇问题,也就是说,当一成员国允许外国服务或服务提供者进入本国服务市场后,关于其服务经营方面须实行国民待遇。

6. 关于国有化或征收的补偿标准,主要有三种理论主张:

(1)充分、及时、有效的赔偿标准,也称"赫尔准则",该主张长期以来为西方国家及某些西方学者所坚持,认为根据国际法,实行国有化的国家有义务以"充分、及时、有效"的方式赔偿财产被国有化的外国人。"充分"是指赔偿金额应与被征收财产的全部价值相等,并包括直至支付赔偿金时的利息;"及时"是指支付赔偿金应毫不迟延地实现;"有效"是指赔偿金应以可兑换货币支付。其理论依据是尊重既得权和不当得利原则。该准则遭到发展中国家政府和学者的批判,至今尚未在现代国际实践中得到证明。

(2)不予补偿,是指一国在对外国人财产实行国有化或征收之后,不存在补偿义务,这是前苏联、东欧国家及拉美国家一些学者的主张。其根据之一是国家主权原则,由于国际法中并无将外国人财产收归国有必须给予补偿的原则,是否给予补偿,乃是一国主权范围内的事,由国内法决定;根据之二是国民待遇原则,如果一国实行国有化时对其本国国民不予补偿,对外国人当然也不例外。

(3)适当补偿原则,是指一方面根据公平互利原则,在补偿时要考虑东道国和外国投资者双方的情况,兼顾双方利益;另一方面根据自然资源永久主权原则,东道国对其境内某项自然资源开发项目实行国有化时,参加开发该自然资源的外国投资者不应对产生于该自然资源的利益主张权利,而只能就其资产考虑补偿。该标准不仅为广大发展中国家普遍接受,包括中国,而且在一些发达国家的仲裁和司法实践中也有所反映。

五、论述题

MIGA 的业务主要包括两大类,即投资担保和投资促进。前者是核心业务,即 MIGA 对国际投资所遇到的政治风险予以担保。其内容主要包括:

(1)承保险别,MIGA 主要承保以下五种风险:

①货币汇兑险:由于东道国政府的责任而采取的任何措施,限制将其货币转换成可自由使用货币或担保权人可接受的另一货币,并汇出东道国境外,包括东道国政府未能在合理的时间内对该保险人提出的此类汇兑申请做出行动。

②征收和类似措施险:由于东道国政府的责任而采取的任何立法或行政措施,或懈怠行为,其作用为剥夺担保权人对其投资的所有权或控制权,或剥夺其投资中产生的大量效益。但政府为管理其境内的经济活动而通常采取的普遍适用的非歧视性措施不在此列。由此可见,MIGA 所认为的征收险中不仅包括对资产的征收、国有化、征用、没收、查封、扣押和冻结这些东道国政府所进行的直接措施;同时也包括隐含的征收。通常情况下,隐含征收包括所得税的增加、关税的增加、职工最低工资标准以及职工技术训练等强制性规定。

③违约险:东道国政府对担保权人的违约或毁约,并且,具有下列三个条件之一者:第一,投资者无法求助于司法或仲裁机关对违约做出裁决;第二,司法或仲裁机关未能在合理的期限内(不得少于两年)做出判决或裁决;第三,虽有裁决或判决,但无法执行。违约险是 MIGA 的一个创新,目的在于加强东道国和投资者之间合同的稳定性。

④战争和内乱险:指 MIGA 对东道国领土内的任何军事行动或内乱提供担保。军事行动既包括不同国家间的战争行为,也包括一国内相互竞争的政府的武装力量之间的战争行动,包括经宣战或未经宣战的战争。而内乱通常是指直接针对政府的、以推翻政府或将其驱逐出某个特定的地区为目的的有组织的暴力行动,包括革命、暴乱、叛乱和军事政变,对于骚乱和民众动乱等形式的内乱也可以承保。

⑤其他非商业风险:公约第 11 条(b)规定,应投资者与东道国政府联合申请,董事会经特别多数票通过,可将本公约的担保范围扩大到上述(a)项中提及的风险以外的其他特定的非商业风险。

此外,公约在第 11 条(c)中还明确规定因以下两种原因而造成的损失不在担保之列：第一，投资者认可或负有责任的东道国政府的任何行为或懈怠；第二，担保合同缔结之前发生的东道国政府的任何行为、懈怠和其他任何事件。

（2）合格的投资，是指可申请成为MIGA担保合同标的的投资，依公约规定，投资要具有承保的资格，必须在投资类型、投资资产、投资时间以及投资的东道国几方面符合一定的要求并符合规定的标准。

①投资类型。MIGA承保的合格投资既包括股权投资，其中包括股权持有人发放或担保的中长期贷款，也包括非股权直接投资。同时还规定，董事会经特别多数票通过，可将合格的投资扩大到其他任何中长期形式的投资。

②投资资产。合格的投资除货币投资外，还有实物投资，可以是向投资项目提供的任何具有货币价值的有形或无形资产，如机器、专利、工艺流程、技术、技术服务、管理诀窍、商标以及销售渠道等。

③投资时间。MIGA承保的投资只限于新投资，即投保申请注册之后，才开始执行的投资。

④投资标准。MIGA在担保一项投资时，应对投资项目的经济合理性、合法行进行审查，审查的标准为：第一，该项投资的经济合理性及其对东道国的贡献；第二，该项投资是否符合东道国的法令；第三，该项投资与东道国宣布的发展目标和重点是否相一致；第四，东道国的投资条件，包括该投资是否得到公正平等的待遇和法律保护。

⑤合格东道国。合格投资所在的东道国必须同时满足三个条件：第一，必须是一个发展中国家会员国；第二，必须是一个同意担保特定投资风险的国家；第三，必须是一个经机构查明，投资可以得到公平待遇和法律保护的国家。其判断标准是东道国的法律和东道国与投资者本国之间的双边投资协定。

（3）合格投资者。公约第13条从投资者的类型、国籍、投资者的所有权以及投资者的经营方式等方面规定了合格投资者应满足的条件。只有自然人和法人才可作为合格投资者，而对于不具有法人资格的其他经济实体，如合伙、非法人社团和分支机构则不具备这种资格。第一，该自然人是东道国以外一会员国的国民；第二，在东道国以外的一会员国注册并设有主要业务地点的法人；第三，多数资本为东道国以外的一会员国或几个会员国或这些会员国国民所有的法人；第四，该法人无论是否为私人所有，均在商业基础上营业。

（4）担保合同与代位权。一旦MIGA承保的各种非商业风险发生，就会出现两个方面的问题。一方面，投资者根据他与MIGA订立的担保合同向其索赔；另一方面，MIGA支付或同意支付保险金后，根据公约有权代位向有关东道国索赔。

MIGA的作用：MIGA作为世界银行组建的旨在促进各国游资跨国流动的一个专门组织，它的存在和成功运作，对于促进国际投资，特别是外国私人生产性资本向发展中国家的流动，发挥了重要的作用。

①MIGA为国际投资的非商业性风险提供了一种国际保障机制，特别是为那些尚未建立投资担保机构的资本输出国提供了一个投资担保机构。

②MIGA弥补了区域性和国家性投资担保制度的不足。作为一个全球性多边组织，它可与国家和区域性投资担保机构实行共保，也可为国家和区域性投资担保机构提供分保。

③MIGA的存在有利于发展中国家利用外资和发展经济。

④MIGA 的介入有利于东道国和投资者之间投资争端的非政治性解决,在投资者与东道国相互冲突中起了缓冲器的作用。此外,MIGA 作为一个政府间的国际组织,比作为实现一国对外经济政策的工具的国内担保机构,更加有利于消除投资者与东道国之间的猜疑,促进两者的合作。

六、案例分析题

(1)ABC。因为根据《华盛顿公约》的规定,公约的管辖权的成立应具备三个条件:第一,争议一方为缔约国,另一方为缔约他国的国民;第二,争议必须是直接因投资而产生的法律争议;第三,必须经双方书面同意提交 ICSID 仲裁解决。

(2)ABCD。因为根据《华盛顿公约》的规定,作为争议另一方的缔约他国的国民,包括:a 具有缔约他国国籍但不同时具有缔约东道国国籍的自然人;b 具有缔约他国国籍的法人;c 具有缔约东道国国籍但为外国所控制、双方同意当作缔约他国国民看待的法人。本案属于第三种情况。

(3)ACD。根据公约关于 ICSID 法律适用的规定,在当事人未达成法律适用协议的情况下,ICSID 可直接适用东道国的法律和可能适用的国际法规则。一般而论,应首先适用东道国国内法,如果国内法没有规定的情况下,才可适用国际法规则;但当东道国国内法的规定与国际法规则相冲突时,应以国际法优先。

第八章　国际金融法律制度

一、不定项选择题

1. 布雷顿森林体系的基本特征是确立(　　)的国际中心货币地位。

A. 特别提款权　　　B. 美元

C. 英镑　　　　　　D. 德国马克

2. 特别提款权可以用于(　　)

A. 作为国际储备

B. 办理政府间的结算

C. 偿还基金组织的贷款

D. 私人企业之间持有和使用

3. 牵头银行将参加贷款权转售给其他银行的方式中,通过(　　)方式参与贷款的参与银行不能取得要求借款人偿还贷款的直接请求权。

A. 更新　　　　B. 转贷款

C. 转让　　　　D. 匿名代理

4. (　　)是目前国际上协调各国银行管制活动的最主要机构。

A. 国际货币基金组织

B. 国际清算银行

C. 巴塞尔委员会

D. 国际复兴开发银行

5. 国际金融法上的资金融通形式主要包括(　　)

A. 国际贷款

B. 国际直接投资

C. 国际证券投资

D. 国际租赁

6. 国际货币基金组织的资金来源有(　　)

A. 各会员国认缴的份额

B. 基金组织向各国中央银行的借款

C. 会员国的捐款

D. 基金组织其他收入

7. 在长期的国际货币金融实践中,形成了许多国际惯例,比如(　　)

A.《合同担保统一规则》

B.《国际货币基金协定》

C.《贷款协定和担保协定通则》

D.《约克——安特卫普规则》

8. (　　)确立了战后国际货币法律体系。

A.《国际复兴开发银行协定》

B.《国际货币基金协定》

C.《牙买加协定》

D.《华盛顿公约》

9. 在国际融资协议中,贷款人往往要求规定一些特有的救济措施,这包括(　　)

A. 加速到期　　　B. 损害赔偿

C. 冲销救济　　　D. 累加救济

10. 1978年4月,修改原《国际货币基金协定》的(　　)生效,从法律上正式宣告了布雷顿森林体系的终结。

A. 洛美协定　　　　B. 牙买加协定

C. 巴塞尔建议　　　D. 汉堡规则

11. 从法律的角度看,无论国际融资双方是否在协议中约定贷款的用途,贷款都不能用于(　　)

A. 资助侵权行为

B. 兼并公司

C. 超出借款人经营范围的营业活动

D. 援助友好国家的军事行动

12. 出租人提供租赁物并负责租赁物的维修和保养服务的租赁方式是( )

A. 融资性租赁 B. 杠杆租赁

C. 维修租赁 D. 经营性租赁

13. 在国际融资协议中,贷款人可以通过( )等使其与借款人的其他债权人处于平等的清偿地位。

A. 反对处置财产条款

B. 消极担保条款

C. 平等位次条款

D. 财产约定条款

14. 国际货币基金组织第8条会员国的货币被基金组织视为( )

A. 完全可兑换的货币

B. 不可兑换的货币

C. 国际货币

D. 可兑换的货币

15. 回租租赁属于( )

A. 经营性租赁 B. 维修租赁

C. 综合租赁 D. 融资性租赁

16. 世界银行集团中,( )在不需要政府担保的情况下,专门对成员国的私人企业发放贷款。

A. 国际复兴开发银行

B. 国际金融公司

C. 国际开发协会

D. 多边投资担保机构

17. 东道国增加跨国银行营业成本的管制措施有( )

A. 限制跨国银行在东道国吸收存款业务

B. 限制跨国银行在东道国设立分支机构

C. 要求跨国银行向东道国中央银行缴纳较高比例存款准备金

D. 限制跨国银行的业务范围

18. 二联式结构项目贷款的当事人有( )

A. 贷款人

B. 项目主办人

C. 项目公司

D. 项目产品的购买人

19. 国际定期贷款协议一般都规定( )为贷款货币提取地国。

A. 贷款合同签订地国

B. 贷款人所在地国

C. 借款人所在地国

D. 贷款货币发行国

20. 下列选项中,( )属于欧洲货币。

A. 存放在英国银行的美元

B. 存放在英国银行的英镑

C. 存放在德国银行的日元

D. 存放在美国银行的德国马克

二、名词解释

1. 国际金融法

2. 特别提款权

3. 银团贷款

4. 直接式银团贷款

5. 间接式银团贷款

6. 外国债券

7. 欧洲债券

8. 无追索权项目贷款

9. 有追索权的项目贷款

10. 交叉违约

11. ADR

12. 消极担保条款

13. 平等地位条款

三、简答题

1. 简述布雷顿森林体系的基本特征。

2. 简述国际货币基金组织第8条会员国的含义。

3. 简述四联式项目贷款中贷款人设立融资公司的目的。

4. 在直接参与式银团贷款方式下,各

贷款行与借款人之间的合同关系是怎样的？间接参与方式下有哪种形式,其主要含义是什么？

5. 在银团贷款中,代理银行的职责是什么？

6. 我国企业境外上市有哪些形式,其主要含义是什么？

7. 试分析融资租赁合同中的瑕疵担保免责条款。

四、论述题

1. 试述东道国对跨国银行经营的法律管制。

2. 试比较分析英美两国的证券监管体制。

3. 为什么说巴塞尔委员会 1997 年发布的《有效银行监管的核心原则》具有重要意义？

4. 试述我国外汇管理对经常项目和资本项目的管理内容。

五、案例分析题

1. A 公司需要一笔 2 亿美元的中期贷款进行工程建设,遂委托 B 银行为牵头银行组织贷款,并向 B 银行提交了委托书,委托书载明了贷款金额、利率以及适用法律和法院管辖权等内容。B 银行则向 A 公司出具了一份义务承担书,表示愿意承担为借款人组织国际银团贷款的义务。此后,B 银行与 A 公司就借款协议的各项条款进行了谈判,签订了一项借款协议,协议除了规定一般借贷协议的内容外,还规定 B 银行可以通过转售参与贷款权给其他愿意提供贷款的银行筹集资金,并统一由 B 银行将贷款提供给 A 公司,最后,B 银行通过订立出售参与协议,将参与贷款权转让给十家各国银行,筹集到 1.5 亿美元,连同自有资金 5000 万美元,共 2 亿美元贷款了 A 公司。后 B 银行因受金融危机影响而破产,致使参与银行的贷款无法按期收回,遂

发生纠纷。①

请问:国际银行贷款中的牵头银行破产,参与银行是否可以直接要求借款人偿还贷款？

2. 借款人某市纸品有限公司系一家中外合资企业,由中方两个公司与菲律宾 GM 机械厂合资经营。公司成立于 1985 年,1987 年与香港某银行签订了借款协议,由银行向该纸品有限公司陆续发放了 188 万美元贷款。按规定,纸品有限公司于 1990 年 3 月开始还本付息,双方另外签订了抵押担保合同,以纸品公司全部财产作为借款的抵押担保。至 1988 年,由于纸品公司内部合作三方矛盾激化,无法继续合作,1988 年 1 月 25 日经董事会决议通过,公司宣布停产,公司面临重组甚至解散清算的局面。

公司的状况引起香港银行的高度重视。如果矛盾不能解决,必然会影响贷款的及时收回。为此,银行于 3 月及 4 月多次与纸品公司及合营各方联系,指出合营各方都有责任立即组织恢复生产,防止财产损失,并鼓励各方依法解决好争端,处理好对内对外关系,避免合资企业的解散。银行表示根据借款合同和抵押合同,目前公司欲进行的任何解散或重组计划,均应事先征得公司最大债权人的银行的同意,由于合营各方矛盾过深而无法调和,纸品公司已不可能重新恢复生产,银行所做的调解没有见效。

银行遂根据合同于 5 月 13 日正式向纸品公司发出书面违约通知,要求纸品公司在 7 日内纠正违约行为,由于后者没有作出任何答复或采取任何纠正违约行为的措施,银行根据借款合同于 6 月 14 日发出

---

① 汤树梅主编:《国际经济法案例分析》,中国人民大学出版社 2000 年版,第 103 页。

通知,宣布全部贷款立即到期,要求纸品公司归还全部贷款本息。纸品公司对此作出非正式答复:合资企业不久将向有关部门申请企业清算,银行债权可届时与其清算委员会交涉。7月7日,银行向纸品公司所在市中级人民法院起诉,要求判令纸品公司偿还所欠全部贷款本息,同时还要求对纸品公司的财产进行保全。

法院据此于1989年11月正式判决,限令纸品公司自判决之日起10日内偿还拖欠银行的贷款本息。由于纸品公司已无力执行判决,在期满后由法院执行庭执行,委托拍卖行对纸品公司的财产进行估价后拍卖出售,在扣减有关费用之后优先归还纸品公司所欠的银行贷款①。

请问:

(1) 在国际借贷协议中,借款人的违约形式有哪些?

(2)在借款人违约时,贷款人可采取哪些救济措施?

3. 中国青年旅行社广西分社与香港中国贸易发展有限公司举办的合作经营企业桂林花园酒店(以下简称花园酒店),1985年筹建期间,欲向荷兰商业银行香港分行贷款1300万美元。1985年11月5日花园酒店向广西国际信托投资公司(以下简称投资公司)提交《桂林花园酒店贷款保函申请书》,请投资公司作担保人。投资公司于同年12月4日复函同意出保,其前提条件是:桂林花园酒店以酒店的全部房产作为抵押。投资公司于1986年8月27日向贷款方荷兰商业银行香港分行出具《保证书》,保证当借款人到期不按借款合同规定偿付时借款人所借1300万美元及利息,投资公司在收到贷款方书面通知后10天内,以同种货币偿付。同日花园酒店便与以荷兰银行香港分行为代理行的几家银行(下称贷款银团)签订了为期8年半的《借贷合同》,并于1986年10月至1987年11月间,分19次从贷款银行提取了全部贷款1300万美元。

按照《借款合同》规定,花园酒店应于1987年10月9日支付贷款银团第一期贷款利息,但该店直至同年11月9日才偿付,构成第一次违约。1988年元月11日花园酒店应付第二期贷款利息,但未予支付,构成第二次违约。1988年4月17日花园酒店向投资公司请求代为偿付,投资公司于1988年4月19日支付花园酒店的第二期贷款利息及罚息给贷款银团,并将该款转作花园酒店向投资公司的短期借款。1988年5月27日花园酒店应向银团偿付第一期到期本金及到期利息,由于无力偿付贷款,构成第三次违约。贷款银团根据合同规定,于1988年7月23日宣布全部贷款本金、利息和其他费用提前到期,要求花园酒店立即付清。酒店无力偿付,贷款银团遂要求投资公司履行保证义务,投资公司于1989年2月22日代花园酒店向贷款银团清偿了所欠本金及利息等共14534904.65美元。投资公司履行了担保义务后,便向花园酒店追索。因酒店未予偿付,投资公司遂于1989年3月17日向桂林市中级人民法院提起诉讼②。

请问:

(1) 投资公司所作的担保性质如何?它与传统的保证有何区别?

(2) 何谓贷款的加速到期?

(3)投资公司履行担保义务后,能否取得代位求偿权?

4. 1984年9月1日和同年12月25

① 靳起、田冰川主编:《典型涉外经济案例评析》,法律出版社1999年版,第449—450页。

② 王传丽主编:《国际经济法案例评析》,中国政法大学出版社1999年版,第398页。

日,中国 A 租赁公司与某省 B 电子工业局签订了两份融资租赁合同,按照两份租赁合同约定和承租人电子局的要求,出租人 A 公司从国外购进年产五百万只充气塑料打火机全套设备和生产技术,及一台气罐车和生产零配件,租赁给电子工业局。第一份租赁合同的租赁期从 1986 年 1 月 1 日至 1989 年 1 月 1 日;第二份租赁合同租赁期从 1986 年 3 月 1 日至 1989 年 3 月 1 日,两份合同租赁总额共约 4 亿日元,约定分六次还清,每六个月还一次,未能支付到期租金,应付迟延利息。合同还约定,如电子局不支付租金,A 租赁公司可要求即时付清租金的一部或全部,或径行终止合同,收回租赁物件,并由电子局赔偿损失。合同订立后,A 租赁公司从日本购入设备,经检验设备质量合格。设备投产后,因生产原料需从国外进口,成本高,加之产品销路不好,致使设备开工不久就停产,承租人自约定偿还第一期租金起,就未能按合同约定如数支付租金,前后两次仅支付租金约 4 千万日元,付息约 5 万日元。尚欠租金3.5 亿日元及逾期利息。原告多次催要未果,遂向某省人民法院起诉,要求被告按合同规定偿付租金及利息。

请问:在融资租赁合同期内,承租人称经营情况不好,已无力偿还全部租金和利息的情况下,承租人是否可以要求退回租赁物件? 租赁公司未收回租赁物件,是否应承担责任?

参 考 答 案

一、定项选择题

1. B　　　2. ABC　　　3. B

4. C　　　5. ACD　　　6. ABCD

7. AC　　　8. B　　　9. ACD

10. B　　　11. ABCD　　　12. D

13. BC　　　14. D　　　15. D

16. B　　　17. AC　　　18. ABC

19. D　　　20. ACD

二、名词解释

1. 国际金融法是调整国际货币金融关系的法律规范的总称。

2. 特别提款权是国际货币基金组织在原有的普通贷款权之外,按各国认缴份额的比例分配给会员国的一种使用资金的特别权利。会员国分得的特别提款权是一种帐面资产。可以作为会员国的国际储备归还国际货币基金贷款,以及在会员国政府之间偿付国际收支逆差。但它不能兑换黄金,也不能当作现实的货币用于国际贸易和非贸易的支付。

3. 银团贷款是指数家银行联合组成一个银行集团(即银团),按统一的贷款条件向同一借款人提供贷款。

4. 直接式银团贷款是指数家银行组成银团同借款人签订借贷协议,各贷款银行按照该协议分别(或共同)承担提供贷款的义务,与借款人直接形成权利义务关系,贷款的发放和收回等管理事务交由银团指定的代理银行统一办理。

5. 间接式银团贷款通常是一家(或几家)银行作为名义上的贷款银行(牵头银行)同借款人签订借贷协议,然后不需要征得借款人的同意,就可以把贷款份额转移给其他愿意提供贷款资金的银行(参与银行),这些银行即通过牵头银行间接向借款人提供贷款。这里的间接,指参与银行不是同借款人而是同牵头银行形成直接的提供资金的权利义务关系,而借款人只是同牵头银行才形成直接的借贷关系。

6. 外国债券是指发行人在其本国以外某一个国家发行的,以发行地所在国货币为面值的债券。

7. 欧洲债券是指债券发行人在债

面值货币以外国家的债券市场上发行的债券。

8. 无追索权项目贷款是指贷款人仅靠项目收益和在项目资产上设置的担保物权作为还款保障的贷款。由于项目主办人不为这种贷款提供信用担保或保障,因而贷款人对项目主办人没有追索权。如果项目中途停建或经营失败,贷款人就无法收回贷款,或只能得到有限的部分补偿。无追索权的项目贷款对贷款人风险太大,一般很少采用。

9. 有追索权的项目贷款通常是指贷款人不仅以项目收益和项目资产上设置的担保物权作为收回贷款的保障,同时还要求由第三人提供各种担保、保障或支持的贷款。第三人系指项目公司(即借款人)以外的与项目的完工或经营有利害关系的人,例如项目主办人、设备供应人、工程承包人、项目产品的买主或项目设施的用户等等。如果项目未能完工或经营失败,项目本身的资产或者再加上收益都不足以偿还借款时,则贷款人有权向提供各种担保或保障的第三人追索求偿,求偿额以这些第三人各自提供的担保金额或按有关协议他们应承担的义务为限。

10. 交叉违约,也称为串连违约,是指借款人对其他债务有违约行为,或者借款人可以或已经被其他债权人宣告贷款加速到期,则将视为对本借贷协议项下的债务也构成违约。

11. ADR (American Depositary Receipts),美国存托凭证,是美国信托银行公开发行的,表明非美国公司业已发行的某种股票,一经发行,即可在美国自由交易。

12. 借款人在偿还本贷款以前,不得以其资产或收益为偿付其他债权人设立担保物权,如抵押权、质权、留置权等等。

13. 借款人保证使不享有担保权益的本贷款人与其他无担保权益的债权人处于平等的受偿地位。

三、简答题

1. 布雷顿森林体系的主要内容为:(1)建立了即一个永久性的国际金融机构,即国际货币基金组织;(2)实行以美元为中心的国际金汇兑本位制;(3)确立可调整的固定汇率制。各成员国货币对美元的汇率仅被允许在固定汇率的上下各1%的幅度内波动;(4)提供资金调节国际收支;(5)力图取消经常项目的外汇管制。

2. 《国际货币基金协定》第8条规定:(1)未经基金组织同意,不得限制经常性交易的支付;(2)未经基金组织核准,不得实行歧视性的复汇率制度等措施;(3)对各成员国因经常性交易所持有的其他成员国的货币,该货币发行国应以特别提款权或持有国的货币给予兑换。

成员国履行上述第8条义务后,就成为"第8条会员国",其货币即被基金组织承认为"可自由兑换货币",可用于偿还基金组织向其提供的贷款。

3. 贷款人增设融资公司的主要目的在于:(1)按照国际惯例,项目贷款属"商业交易",如果贷款人是银行,根据一些国家的法律规定,银行不能参与非银行性质的商业交易,而通过非银行性金融机构的融资公司开展项目贷款业务,可以不受此类法律规定的限制;(2)如果贷款人是几家银行,由一家融资公司统一负责办理买卖项目产品的业务,较之由几家银行各自分散经营,更为方便;(3)通过融资公司开展项目贷款,有可能得到税收上的便利和优惠。

4. 在直接参与式银团贷款方式下,各贷款行与借款人之间形成直接的债权债务关系。

在间接参与方式下,主要有分贷款、隐

名代理、让与、更新(或替代)几种方式。

分贷款,或称从属贷款或转贷款。在这种方式下,参与银行直接向牵头银行提供一笔贷款,其条件是牵头银行向借款人提供的贷款收回后,牵头银行就向参与银行偿还贷款。这意味着参与银行不得要求牵头银行以来源于借款人偿还款以外的其他资金向其偿还贷款。如果借款人未向牵头银行偿还贷款本息,则参与银行不得要求牵头银行向其偿还贷款;如果借款人仅向牵头银行偿还部分贷款,则牵头银行也仅按参与银行的贷款资金在提供给借款人的贷款总额中的占的比例向参与银行还款。

隐名代理,在这种方式下,牵头银行受银团其他成员之托,代表它们同借款人签订借贷协议,但不披露其代理人的身份,这样,在借款人看来,它就是贷款人本人而不是代理人,它就要按签订的借贷协议对借款人承担提供贷款的义务。

让与,在间接式银团贷款中是指牵头银行将其根据借贷协议应获得的收益或可以行使的请求权部分或全部让与愿意购买的参与银行。

更新或替代,牵头银行在征得借款人的同意之后,把自己的部分甚或全部贷款义务连同其相应的权益转让给其他银行,使借贷协议的贷款主体有所增加或变更,实际上等于原来的借贷协议由牵头银行、参与银行和借款人三方达成的一个新的协议所取代。这种安排,大陆法称为债的更新,英美法称为替代。

5.代理银行的职责主要包括:(1)审查、证实借贷协议规定的贷款先决条件是否已经具备;(2)在贷款银行和借款人之间充当支付款项的收者;(3)及时取得参考银行的同业拆借利率报价,以确定银团贷款的基础利率,并将该利率及时通知借款人

和各贷款银行;(4)监督借款人的财务状况,向银团成员提供有关借款人财务状况的资料或证明;(5)对借款人的违约行为及时作出正确反应。

6.境外上市是我国企业进入国际证券市场和利用国际资本的一种重要方式。境外上市从操作上可具体分为到境外直接上市、通过控股公司间接上市、借壳上市和利用存股证间接上市等几种方式。

境外直接上市是在境内注册的股份有限公司直接向境外投资者募集发行外资股并在境外上市。因上市地的不同,现境外直接上市外资股已有 H 股、N 股、S 股,即分别在香港、纽约、新加坡上市的外资股。

通过控投公司间接上市是指国内企业通过地境外注册一家控投公司,对国内希望到境外上市的企业控投,由该境外控投公司公开发行股票上市,并将所筹资金投资于国内企业,从而达到国内企业到境外间接上市的目的。

买壳上市是指国内企业通过收购已在境外上市的公司,即空壳公司的全部或大部分股权,然后注入国内资产和业务,以达到间接上市的目的。

通过存股证间接上市,存股证又称存托凭证,是一种可以流通转让的、代表投资者对境外证券所有权的证书,它是为方便证券跨国界交易和结算而设立的原证券的替代形式。

7.融资租赁合同是由两个合同——买卖合同和租赁合同,三方当事人——出卖人、出租人(买受人)、承租人结合在一起的合同。根据租赁合同,出租人对承租人负有支付租赁物的义务,也应承担未适当履行义务时所引起的责任。但由于租赁各方当事人已通过两个合同把本来没有直接合同关系的供应商和承租人联系起来,使供应商与承租人承受了合同中约定的、本应

由出租人行使和履行的某些权利与义务。据此,在租赁实践中,除非由于出租人的过错,出租人并不直接向承租人承担因迟延交货或租赁物瑕疵等与契约的规定不符而引起的法律责任,而是由供应商直接对承租人承担这些责任。这就是所谓的瑕疵担保免责特约。另外,一般认为,融资租赁的经济机制主要是向客户提供资金融通,具有金融的性质,因此,瑕疵担保免责特约也是融资租赁制度本身的要求。

三、论述题

1.东道国对外资银行监管的主要内容包括:

(1)进入管制,包括是否允许设立外国银行机构,如果允许,何种形式的银行机构可以存在,进入需满足哪些条件等等。具体来说,各国主要是从进入的形式和进入的条件作出规定。在进入的形式上,绝大多数国家都允许跨国银行在本国开展业务活动,但进入形式的宽严程度各国有所不同。关于进入的条件,各国一般规定,外资银行进入本国必须符合一定的条件,如已在东道国设立代表处达一定年限;拥有足够的资产,能有效开展业务,具有经营国际银行业务的经验,有一定的合格的专门管理人员等等。

(2)业务经营,包括经营的网点和经营的业务范围。对经营的网点作一定的限制,主要是为了避免外资银行的进入对国内金融业冲击过大。这种限制既包括对开设分支机构数量的限制,也包括对营业区域的限制。关于经营的业务范围,外资银行相对于国内银行而言,一是集中于银行同业拆借市场;二是集中于批发性业务而较少零售性银行业务。除此以外,不同的国家对外资银行业务管制的宽严程度不一。

(3)资本充足性管制,银行资本是否充足,是衡量银行经营是否稳健的重要标志。通过规定资本与资产或负债保持一定的比率,可以限制银行的业务规模,如果这一比率过低,银行就应增加资本或减少业务。1992年以来,各国大都按1988年《巴塞尔协议》的要求,把银行资本对加权风险资产的比率保持在8%及以上。

(4)风险管理,为避免外资银行在本国经营不善而破产倒闭或面临更大风险以致引起不良反应,发达国家对外资银行都进行预防性和保护性的风险管理,一般包括以下内容:资产流动性要求;单一贷款规则,存款保险制度等,最后贷款人的应急措施等。

2.证券的发行与流通,离不开一定的法律监督和管制。综观世界各国的证券监管体制,在主要的几种类型中,以英、美两国的最为完善。这是两种各具鲜明特色的证券法律监管制度。英国模式的监管制度以证券市场参加者的自律为主,辅以法律管制;美国模式的监管制度则是在法律管制的基础上,辅以证券市场参加者的自律。

英国模式:自律型监管体制。所谓自律型监管体制,是指通过证券行业的自我管理、自我约束进行管理的一种监管制度。证券市场的管理几乎完全由证券交易协会、证券商协会、证券交易所协会、证券交易所等自律机构自行管理,政府对证券业很少进行的干预。英国是实行证券业自律管制的典型代表。在历史传统上,英国的证券交易所完全是自治的。因而,在长期的证券交易实践中,英国逐渐形成了一套独特的证券监管体系,归纳起来,它有两个明显的特点:

第一,证券市场的管理主要依靠自律机构的自我管理。可以说,证券管理的最大特征在于市场"自律"。证券业内通过自愿的方式,以行业协会的形式,在法律规定的范围内建立起在规范会员行为的各项规章制度,从而实现整个行业的自我约束,维持证券市场的正常秩序。

第二,政府对证券市场很少干预。英国证券管理的另一特征在于,政府对证券交易所及其会员采取自由放任政策,国家立法对证券市场活动主要实行间接调控,英国国会在 1986 年 10 月通过的《金融服务法》使其证券市场的管理有了一个基本的法律框架。

由于英国证券市场产生与发展的时期均处于自由资本主义时期,政府对经济生活一般实行放任政策,干预较少。因而,在传统上,英国对证券市场的管理就形成了以证券交易所及其他自律组织的自我管制为主的格局。这一格局闯过风风雨雨,至今未发生根本性变化。1986 年伦敦"大爆炸"以及随后通过的《金融服务法》,并未改变英国证券监管的这一本质特征,而是使这种以证券自我管理为主流的证券监管体制更加趋于完善,借助于制定法的规定使传统的自律得到巩固和加强,形成所谓制定法框架内的自律。

美国模式:立法管制型。法定型监管体制是指国家通过立法对证券发行、交易的整个过程进行监督和管理的制度。这种体制的最大特点是政府通过立法积极参与和干预证券市场的活动。此外,相对于自律型监管体制而言,它还具有如下特点:

第一,具有完备的证券立法体系。证券立法是美国证券监管制度建立的基础。美国的证券立法由联邦立法和州地方政府立法两部分组成。从历史上看,各州的证券立法管制要早于联邦政府。

以 30 年代的经济大危机为契机,美国政府开始通过立法对证券市场加以严密的管理,制定了一系列证券法,主要有:《1933年证券法》、《1934 年证券交易法》等,这些立法对美国证券市场的建立、发展、规范与完善,起了至关重要的作用。

第二,具有专门的政府证券主管机关,政府对证券市场实行全面监管。证券监管机构的设立是美国证券监管制度实施的保障。美国证券交易委员会是根据《1934 年证券交易法》于 1934 年 6 月 1 日成立的,它是独立的、非党派的、准司法性的管理机构,对全国证券市场的集中统一管理,以维护评判市场的安全与秩序,还通过依法具有十分广泛的职责和权限。

除了政府专门的证券监管机构以外,证券业的自律组织也通过一系列的自律规则对会员实行严格的管理。不过,美国证券业的自律不可与英国证券业的自律相提并论。首先,它带有明显的法定色彩,因为在美国,证券业内实行自我管理是法律的直接要求,而且自律组织的自律规章只能是法律的具体化,而不能与之相冲突。其次它在美国证券监管体系中处于附属的、次要的地位,并在很大程度上受政府控制,SEC 依法对各种证券自律组织及其自律规则进行严密的审查和定期核查。

3. 1997 年 9 月,巴塞尔委员会发布了《有效银行监管的核心原则》(以下简称《核心原则》),从七个方面制定了有效监管体系必备的二十五条基本原则,为各国政府、国际监管机构和其他公共当局提供了一个基本的参与标准。这是巴塞尔委员会加强国际银行业监管的新的重大步骤,也是防范金融危机的新举措。从《核心原则》的内容看,它具有四个鲜明的特征。

(1)《核心原则》十分注重银行监管系统的有效性,把建立银行业监督的有效系统作为有效银行监管的先决条件和重要组成部分。首先,《核心原则》要求银行监管系统要有明确的、可实现的、统一的责任和目标,各监管机构既要有实现目标和责任时在操作上的独立性和充分的资源,又要加强合作,分享信息并为信息保密;同时要建立适当的银行监管的法律体系,监管者和被监管者都必须受到法律的制约和保护。其次,银行监管机构具有充分的权力,审查银行开业、股权转让等申请或重大收购和投资行为、界定业务范围、拒绝一切不符合标准的申请等;制定和利用审慎性法规和要求,并有权收集银行信息,对银行进行持续性监管;《核心原则》特别强调,监管者在银行未能满足审慎要求(如最低资本充足率)或当存款人的安全受到威胁时,有权采取纠正措施(包括实行处罚的权力)。最后,《核心原则》对银行监管的手段也提出了明确的要求,要做到非现场稽核和现场检查相结合,既能够在单一和并表的基础上收集、审查和分析各家银行的审慎性,又能够通过现场检查或利用外部审计对监督信息进行核实,并通过与银行管理层保持经常性接触和综合并表监管,全面了解银行经营情况和整体结构。

(2)《核心原则》强调对银行的全方位监管,对商业银行提出了更多的要求。比起《巴塞尔协议》中仅依据资本充足率来对信用风险(包括国家转移风险)进行监管,《核心原则》对银行的监管更加全面、更具有系统性。第一,《核心原则》将监管贯穿于银行运行的全过程,即在银行设立和机构变化(包括股权转让和重大收购、投资等)时要根据已经制定的标准严格审查、审批,在银行经营中进行持续性监管,在银行未能达到监管要求或出现严重问题时进行纠正或清算等。第二,《核心原则》将监管扩展到银行经营的各个方面,做到风险监管与合规性监管相并重,要求银行不仅要有完善的风险管理政策、程序和承担风险的足够资源,而且要有与其业务性质及规模相适应的内控制度、完善的政策、做法和

程序、信息披露制度以及规范的、完整的会计记录等,保障银行合规经营。第三,《核心原则》对银行的风险监管更加全面,不仅包括对信用风险、国家转移风险的监管,而且包括对银行经营中涉及到的市场风险、利率风险、流动性风险、操作性风险等的监管;在对信用风险的监管中,不仅维持《巴塞尔协议》中的最低资本充足率的要求,而且对信用审批标准和监测程度、资产质量和贷款损失准备金、风险集中和大额暴露、关联贷款等方面提出了明确的、严格的要求。

(3)《核心原则》的核心是通过对银行的有效监管,防范和降低金融风险,保障金融体系的健康稳定。《核心原则》认为,银行监管的目标是"降低存款人和金融体系的风险"。从银行的市场准入看,它要求严格审查银行的所有权结构、经营计划、内部控制和组织结构、高级职员的资格等方面,控制银行业准入、业务范围及机构变化,防止不稳定机构进入银行市场或某些机构冒充银行办理吸收存款的零售业务等,以利形成一个健康的金融体系。从对银行经营过程的持续性监管看,要求银行有完善的风险管理制度、良好的内控系统和完整的会计记录等,能够按审慎性原则经营,有效地控制和防范金融风险,而且银行还要有足够的资本和储蓄抵御各种业务风险;监管者要以非现场稽核和现场监管并重,风险监管与合规性监管并重,对银行管理层监管与对整个机构运作的监管并重等原则,监测、控制银行经营,保证银行业的稳健发展。监管者有权对未达到监管要求或出现清偿问题的银行进行适当干预或惩罚,以保证银行规范运行,防止问题扩散;对无法挽救的银行,让其被管或合并,甚至关闭,以保护整个银行系统的稳定性。

(4)《核心原则》具有广泛的适用性。

比起巴塞尔协议，《核心原则》的适用对象更广、适用范围更大。《巴塞尔协议》是由"十国集团"认可的主要针对从事国际银行业务的跨国银行的监管方针，由于它的权威性、实用性而被许多国家所借鉴，而《核心原则》，不仅得到"十国集团"的认可，而且它的制定也得到了非"十国集团"的许多国家的监督当局的密切合作和积极参与，也吸收了许多国家组织和地区性监管当局的意见，使得它更具权威性，具有更加广泛的适用范围。从适用对象看，它不仅包括跨国银行业，而且适用于各监督当局管辖范围的所有银行，适用对象更加广泛，而且，对跨国银行的监督中，更进一步地明确了银行母国监管当局和东道国监管当局的责任，便于两者的联系与合作。

4.我国关于经常项目外汇管理的主要内容：经常项目是指国际收支中经常发生的交易项目，包括贸易收支、劳务收支、单方面转移等。1997年1月24日国务院修订的《外汇管理条例》第5条规定"国家对经常性国际支付和转移不加限制"。明确了经常项目外汇管理的基本原则，即人民币经常项目可兑换。

结合国际货币基金组织协定第8条款的规定，我国经常项目外汇可兑换原则的含义应是：任何单位或个人不得对经常性国际支付和转移进行限制；并不得实行歧视性货币安排或者多重货币制度。

经常项目外汇管理，因适用主体不同，又分为对境内机构，对个人，对外国驻华机构与对外籍人员经常项目外汇的收支管理三部分。

（1）境内机构经常项目外汇收支管理。

①境内机构经常项目外汇收入必须调回境内，不得违反国家有关规定将外汇擅自存放在境外。

②境内机构经常项目外汇收入，应当按国务院关于《结汇、售汇及付汇管理规定》卖给外汇指定银行，或者经批准在外汇指定银行开立外汇帐户。

③境内机构的经常项目用汇，实行银行售汇制。

（2）个人经常项目外汇收支管理。

①个人持汇自由。个人持有的外汇属于个人财产的一部分。（条例）第13条规定，属于个人所有的外汇，可以自行持有，也可以存入银行或者卖给外汇指定银行。个人外汇储蓄存款，实行存款自愿、取款自由、存款有息、为蓄户保密的原则。

②个人用汇限制。个人因私出境用汇主要是指个人因私出境探亲、旅游、讲学、朝觐、自费留学、参加会议、从境外邮购少量药品、医疗用具等方面的用汇。《条例》第14条对此作了原则性的限制规定，即个人因私用汇，在规定限额以内购汇。超过规定限额的，应当向外汇管理机关提出申请，外汇管理机关认为其申请属实的，可以购汇。

（3）外国驻华机构与来华人员经常项目外汇收支管理。

①驻华机构和来华人员的合法人民币收入，需要汇出境外的，可以持有关证明材料和凭证到外汇指定银行兑付。其合法人民币收入主要是指：鉴证费、认证费、纳税后的工资、从境外携入或境内购买的自用物品、设备、用具等出售后所得的人民币款项及其他正当收益，证明材料和凭证按《结汇、售汇及付汇管理规定》第21条、23条、24条、25条的规定办理。

②驻华机构和来华人员汇入或携带入境的外汇可自行保存，可存入银行或卖给外汇指定银行，也可持有效凭证汇出或携带出境。

我国关于资本项目外汇管理的主要内容：所谓资本项目是指国家收支中因资本

输出和输入而产生的资产与负债的增减项目,包括直接投资、各类贷款、证券投资等,和许多国家一样,我国《外汇管理条例》对资本项目外汇的管理规定为严格管理原则。

据此,《外汇管理条例》对资本项目管理规定了四个层次的管理措施,即资本结汇管理;对外担保、借贷管理;外商投资企业外汇资本金管理;境内境外外汇投资管理。

关于资本项目结汇管理的规定主要有:①境内机构的资本项目外汇收入,除国务院另有规定外,应当调回境内。②境内机构的资本项目外汇收入,应当按照国家有关规定在外汇指定银行开立外汇账户,卖给外汇指定银行的,须经外汇管理机关批准。③境内机构投资于合资企业终止结算后,属于中方所有的外汇,应全部卖给外汇指定银行。

四、案例分析题

1.这一案例涉及的是国际银团贷款中各方当事人之间的关系问题。国际银团贷款可分为直接式银团贷款和间接式银团贷款两种方式。

在直接式银团贷款方式下,各参与银行同借款人签订借贷协议,按协议分别(或共同)承担提供贷款的义务,与借款人形成直接的权利义务关系。

而间接式银团贷款方式下,各当事人之间的关系在很大程度上取决于转让贷款参与权的方式。在本案中,牵头银行通过订立出售参与贷款权协议的方式,将参与贷款权转让给参与银行。根据国际惯例,以这种方法提供的国际银团贷款,各当事人之间的关系应为:牵头银行与借款人之间的关系是由借贷协议规定的债权人与债务之间的关系,参与银行与借款人之间不存在直接的借贷关系。参与银行直接向牵头银行提供一笔贷款,其条件是牵头银行向借款人提供的贷款收回以后,牵头银行就向参与银行偿还贷款。这意味着参与银行不得要求牵头银行以来源于借款人偿还款以外的其他资金向其偿还贷款。如果借款人未向牵头银行偿还贷款本息,则参与银行不得要求牵头银行向其偿还贷款;如果借款人仅向牵头银行偿还部分贷款,则牵头银行也仅按参与银行的贷款资金在提供给借款人的借款总额中所占的比例向参与银行还款。

由于参与银行与借款人之间不存在直接的借贷关系,参与银行对借款人没有还款请求权,而对牵头银行的还款请求权也仅从借款人已向牵头银行偿还借款为行使条件,因此,分贷款中的参与银行面临双重风险:一重风险是借款人如果丧失清偿能力,例如破产,则参与银行将不能充分受偿或者不能完全受偿;另一重风险是牵头银行如果破产,那么参与银行只能作为牵头银行的一个无担保权益的债权人按债权比例参加对借款人偿还款的分配,而不享有优先受偿权。

在本案中,作为牵头银行的 B 银行破产,使得参与银行面临了后一重风险,参与银行并不能直接对借款人 A 行使追偿权,只能以牵头银行无担保权益的债权人身份接受破产清偿。

2.(1)在国际借贷协议中,借款人的违约可分为实际违约和预期违约两大类。实际违约包括:①借款人到期不支付或不如数支付贷款的本金、利息或有关费用;②借款人违反在协议中所作的说明与保证;③借款人违反约定事项;④借款人没有发生借贷协议规定的其他义务。预期违约主要有:①借款人丧失清偿能力;②借款人公司被征用或被国有化;③借款人的状况发生重大不利变化;④借款人出现交叉违约情形。

(2)在借款人违约后,贷款人可采用合同约定的救济措施,如暂时中止或者取消本应向借款人提供的贷款;宣布贷款加速到期;借款人支付违约利息;用借款人的存款抵销其尚未偿还的欠款。贷款人也可以采用法律上规定的救济措施,常见的如:解除贷款协议;要求损害赔偿;要求借款人支付已到期的本金或利息;在借款人破产时贷款人可申报其全部债权金额,要求进行清算等。

借款合同的基本内容是贷款人依合同规定提供贷款,借款人在约定的期限内偿还贷款本金及利息。在贷款协议中,违约条款是贷款协议的一个重要组成部分,是贷款协议的核心部分。为了确保贷款本息的收回,维护贷款人的利益,在贷款协议中通常详细规定了借款人应履行的各项义务,同时以专门的"违约事件"条款列举了构成违约的各种行为以及贷款人可以采取的相应救济措施。贷款协议中所规定的违约事件大致可分为两类:一类是违反贷款协议本身规定的实际违约行为,如借款人到期不还款付息,不履行约定的其他义务;另一类是预期违约事件(又称先兆性违约事件),是指借款人目前虽然没有发生违反协议的实际违约行为,但因这类事件的发生,借款人不能履行贷款协议所规定的义务的实际违约行为是迟早要发生的。

在本案中,借款人的还款时间是1990年1月,但借款人纸品公司自1988年起因内部矛盾激化至1989年初停产,合资各方决意终止合营合同,解散合资企业,纸品公司的财务状况发生严重恶化,已不可能实现自行还贷,借款人的财务状况极大地影响到贷款人安全、及时的收回贷款本息,已构成预期违约。

由于贷款的还款期限未到,银行并未随意宣布贷款到期,而是根据贷款合同发出违约通知,要求纸品公司立即纠正违约行为。在纸品公司不能及时纠正违约行为的情况下,银行才宣布依合同全部贷款立即到期,要求纸品公司偿还全部贷款本息。由于纸品公司仍无意还款,银行立即向法院起诉,在诉讼中,银行还充分利用了我国《民事诉讼法》中关于财产保全的规定,以最大限度地维护自身的合法利益。

3.5月12日,法院作出判决:花园酒店偿付投资公司代其偿付的第二期贷款利息、全部贷款本金及利息、罚息,偿付所欠投资公司担保费及利息、罚息,赔偿投资公司经济损失,诉讼费由花园酒店负担。花园酒店不服一审判决,上诉至广西高级人民法院。广西高级人民法院判决除变更一审因担保费计算有误外,均维持原判。

(1)投资公司所作的担保承担的是第一位的、独立的责任。它与传统的保证的最大区别是不具有补充性。补充性是指保证关系中债务人仍然是第一债务人,保证人是第二债务人或从债务人,只有当主债务人不履行其债务时,保证人才负履行的责任,据此,传统保证合同保证人有权要求债权人首先向主债务人要求清偿,只有在主债务人的财产强制执行后仍不足以清偿债务时,才能要求担保人清偿,担保人的此项权利称为先诉抗辩权。然而在国际借贷中,贷款人往往要求保证人放弃先诉抗辩权,和借款人一起对其贷款作为连带债务人承担清偿责任,即要求保证人充当第一债务人或主债务人,而不仅仅作为保证人。在这种情况下,贷款人既有权要求借款人清偿,也有权要求保证人清偿。但在具体的融资活动中,保证人是否有先诉抗辩权,则取决于保证合同的规定。

(2)加速到期是指借款人违约以后,贷款人可以将偿还期提前,要求借款人立即偿还贷款,是贷款人特有的一种救济措施。

(3)投资公司履行担保义务后,在清偿范围内取得代位求偿权。

随着国际金融业的迅速发展,担保在国际融资活动中成为必不可少的环节,无论是政府或国际金融机构的贷款,还是国际商业贷款,都常以担保为前提条件,它是债权人保障自己权益的法律措施。通过订立担保合同,贷款人可获得备用的还款来源,使自己贷出的款项有更为可靠的受偿保证。国际融资担保基本分为两种类型:国际融资的信用担保和国际融资的物权担保。另外实践中还衍生出其他一些担保形式,如消极担保条款、准担保交易、从属之债等等,在具体融资活动中产生不同效果。在诸多担保形式中,信用担保形式最为常见,本案投资公司对花园酒店的国际借贷担保即属于这一形式。

本案借贷关系中债务人(借款方)为桂林花园酒店,债权人(贷款方)为荷兰银行香港分行,担保人为广西国际信托投资公司。担保人向债权人出具的《保证书》是国际商业借贷担保合同。《保证书》订明:"担保人向贷款人保证借款人偿还合同所欠之一切款项,包括借款人就开证银行根据备用信用证决定作出的付款和根据合同规定需要对备用信用证作出现金抵押付款而欠开证银行的全部款项。该保证为不附任何条件及不可撤销的。倘若借款人到期未能按照合同之条文偿还款项,无论是因期限已届满或因提前偿还或其他理由,本担保人同意在收到代理人之书面通知书后10天内以同一货币向贵公司(为贷款人作代理)支付借款人应付之款项。"

按其《保证书》规定来看,本担保合同是担保人(投资公司)以自己的资信向贷款人(荷兰商业银行香港分行)所作的保证还款的承诺,属于国际融资担保的信用担保。

本案债务人花园酒店在贷款人荷兰商业银行香港分行提供全部贷款之后,三次不履行还款义务而违约,贷款人则有权根据担保合同约定,即"当借款人到期不按借款合同规定偿付时,投资公司在收到贷款方书面通知后10天内,以同种货币代为偿付",请求担保人投资公司替被担保人(即借款人花园酒店)履行还款义务。该借贷合同担保最大特点就是无传统保证合同的补充性,即无先诉抗辩权,担保人实际上已成为第一债务人或主债务人,因为其承担的是无条件付款义务,只要债权人按合同提出付款要求便需给付。因此,担保人未要求贷款方对债务人的财产强制执行就履行了其担保义务,于1989年2月22日代花园酒店向贷款银行清偿了本金及利息等共14534904.65美元。担保人履行了担保义务后就对借款方具有代位权和求偿权,即保证人在清偿贷款债务之后,在清偿范围内取代贷款方的地位而行使贷款方对借款方的所有权利,本案担保人代债务人付款之后即取得代位权,对债务人进行追索和提起诉讼。由于花园酒店无力偿付贷款方的本金及利息,也未必能偿付判决书中的金额给投资公司,根据双方签订的反担保协议,投资公司取得花园酒店的房地产。

4.本案中,双方争议的焦点涉及融资租赁合同的一个重要特征——不可解约性。融资租赁合同通常规定合同一经生效,承租人就不能单方面提出解除合同,这是因为:融资租赁的特性是融通资金,当承租人筹借资金添置设备时,出租人并不是直接向其提供贷款,而是根据企业的选择购入设备,出租给企业使用,以融物的形式达到融资的目的,可见,出租人的目的在于通过一次租赁收取全部租金以获利,而非通过收回租赁物件继续租赁或转卖以获利。并且,融资租赁中的租赁物是由承租人自己选择，专为承租人所需而购买的，一般不具有通用性，即使返还给出租人，也难以通过转售和出租租赁物获得预定的经济效益。因此，承租人不得中途退回租赁物件或要求出租人收回租赁物件以免除其支付剩余租金的义务，否则，一方面违反了融资租赁合同的本质与特征，另一方面也将给出租人造成重大损失。

在本案中，A 租赁公司和电子局签订的融资租赁合同作了如下约定："如乙方不支付租金，甲方可要求即时付清租金的一部或全部，或径行终止合同，收回租赁物件。"虽然双方当事人约定的合同里面显示出租人可选择要求承租人支付租金的一部或全部，也可选择终止合同收回租赁物件，但选择权在于出租人。本案中租赁公司的合同目的在于收取租金以获取利润，而收回租赁物件，显然不能达到其合同目的，基于法律保护当事人的合同利益，故应当尊重出租人为追求合同目的选择要求承租人支付租金。

综上所述，承租人不得在法定的租赁期限内退租，收回租赁物件不是租赁公司的法定义务，租赁公司有权选择要求承租人支付租金或收回租赁物件，故本案中租金，迟延利息无任何依据可作为扩大损失，租赁公司不应对此承担责任。

第九章 国 际 税 法

一、不定项选择题

1. 在国际税法上,下列哪项优先的原则已经得到广泛的承认?（ ）

A. 公民税收管辖权

B. 居民税收管辖权

C. 收入来源地税收管辖权

D. 国家领域管辖权

2. 各国税法上确定法人居民身份的标准主要有哪些?（ ）

A. 住所标准

B. 实际管理和控制中心所在地标准

C. 居所标准

D. 总机构所在地标准

3. 各国税法上确定自然人居民身份的标准主要有哪些?（ ）

A. 住所标准

B. 实际管理和控制中心所在地标准

C. 居所标准

D. 居住时间标准

4. 为行使居民税收管辖权,我国以下列哪项作为确立法人居民身份的标准?（ ）

A. 法人总机构所在地

B. 法人注册成立地

C. 实际控制和管理中心所在地

D. 常设机构原则

5. 国际重复征税产生的根本原因在于有关国家税收管辖权的重叠冲突。而导致国际重复征税普遍存在的最主要的原因是下列哪项?（ ）

A. 居民税收管辖权与居民税收管辖权之间的冲突

B. 来源地税收管辖权与来源地税收管辖权之间的冲突

C. 居民税收管辖权和来源地税收管辖权之间的冲突

D. 居民税收管辖权与公民税收管辖权之间的冲突

6. 两个或两个以上的国家对同一笔所得在具有某种经济联系的不同纳税人手中各征一次税的现象称做什么?（ ）

A. 国际重复征税

B. 国际重叠征税

C. 国际偷逃税

D. 国际避免

7. 一国对非居民征税,仅限于来源于征税国(收入来源国)境内的所得,而对非居民的境外所得无权征税。非居民在收入来源国的所得,一般包括以下哪几项?（ ）

A. 营业所得　　　B. 投资所得

C. 个人劳务所得　　D. 财产所得

8. 下列哪项是目前大多数税收协定中确定常设机构利润范围的原则?（ ）

A. 固定基地原则

B. 引力原则

C. 实际联系原则

D. 成本费用合理分摊原则

9. 在消除或缓解国际重复征税诸措施中,对跨国纳税人最有利的是下列哪一

项?（　　）

    A. 免税制　　　　B. 抵免制

    C. 扣除制　　　　D. 减税制

    10. 避免或缓解国际重复征税的方法主要有下列哪几项?（　　）

    A. 免税法　　　　B. 抵免法

    C. 扣除法　　　　D. 减税法

    11. 下列关于避免国际重复征税方法的说法中,正确的是下列哪几项?（　　）

    A. 累进免税法是指居住国虽然对居民纳税人来源于境外的所得免予征税,但在对居民纳税人来源于境内的所得确定应适用的累进税率时,要将免予征税的境外所得考虑在内

    B. 当跨国纳税人在高税率国和低税率国均有盈利,居住国实行综合限额抵免对纳税人较为有利

    C. 在跨国纳税人在各个非居住国的分支机构有盈有亏的情形下,居住国采用分国限额抵免对纳税人较为有利

    D. 间接抵免法是适用于解决跨国母子公司之间股息分配存在的经济性重复征税的方法

    12. 下列关于税收饶让抵免的说法中,正确的是下列哪几项?（　　）

    A. 税收饶让抵免有利于发展中国家实施对外资的税收优惠政策

    B. 税收饶让抵免不影响纳税人居住国原有的税收权益

    C. 税收饶让抵免是消除国际重复征税的有效方法之一

    D. 税收饶让抵免增加了所得来源国的税收权益

    13. 跨国纳税人利用避税港进行国际避税主要是通过在避税港设立下列哪种机构来实施国际避税?（　　）

    A. 常设机构　　　　B. 固定基地

    C. 踏脚石传输公司　D. 基地公司

    14. 跨国纳税人进行国际逃税的手段主要包括下列哪几项?（　　）

    A. 跨国联属企业转移定价

    B. 套用税收协定

    C. 虚构扣除

    D. 伪造帐册

    15. 下列哪些方法属于跨国公司进行国际避税常用的方法?（　　）

    A. 伪造帐册和支付凭证

    B. 关联企业的转移定价

    C. 匿报应税财产和收入

    D. 利用避税港设立基地公司

    16. 针对跨国联属企业利用转移定价来实施国际避税的行为,各国通常采用下列哪种原则来实行反避税?（　　）

    A. 正常交易原则

    B. 固定基地原则

    C. 常设机构原则

    D. 引力原则

二、名词解释

    1. 国家税收管辖权

    2. 居民税收管辖权

    3. 来源地税收管辖权

    4. 国际重复征税

    5. 国际重叠征税

    6. 免税制

    7. 抵免制

    8. 限额抵免

    9. 扣除制

    10. 国际逃税

    11. 国际避税

    12. 国际税收协定

    13. 税收饶让抵免

    14. 跨国联属企业的转移定价

三、简答题

    1. 与国内税收关系相比,国际税法所调整的国际税收关系有哪些特点?

    2. 国际税法的法律渊源有哪些?

3. 各国税法实践中关于自然人居民身份确认的标准主要有哪些？

4. 各国税法实践中关于法人居民身份确认的标准主要有哪些？

5. 国际重复征税和国际重叠征税的区别何在？

6. 国际重叠征税的解决方法有哪些？

7. 纳税人从事国际逃税的主要手段有哪些？

8. 各国税法一般如何防止跨国联属企业利用转移定价进行国际避税？

9. 各国税法对于防止跨国纳税人利用避税港进行国际避税的法律管制措施有哪些？

10. 各国如何通过国际合作以防止国际逃税和国际避税？

11. 在各国税收协定的实践中，反滥用协定的方法主要有哪些？

四、论述题

1. 依据各国所得税法和税收实践，对营业所得、劳务所得、投资所得和财产所得的来源地采用的判定标准有哪些？

2. 试述跨国纳税人进行国际避税的主要方式。

五、案例分析题

甲国 A 公司拥有设立在乙国的 B 公司 50％ 的股份。A 公司在某纳税年度在甲国有应税所得 100 万元，B 公司在同一纳税年度在乙国有应税所得 200 万元，并在缴纳公司所得税后按股权比例向 A 公司支付股息。已知甲国所得税税率为 40％，乙国所得税税率为 30％。假设甲国适用限额间接抵免法来解决母子公司之间股息分配存在的经济性重复征税（国际重叠征税）问题，请计算 A 公司该纳税年度实际应向甲国缴纳的所得税税额（假设乙国免征股息预提税）。

参 考 答 案

一、不定项选择题

1. C	2. BD	3. ACD
4. A	5. C	6. B
7. ABCD	8. C	9. A
10. ABCD	11. ABCD	12. AB
13. D	14. CD	15. BD
16. A		

二、名词解释

1. 国家税收管辖权指一国政府决定对哪些人征税、征收哪些税以及征收多少税的权力，是国家主权在税收关系中的体现。

2. 居民税收管辖权指一国政府对本国纳税居民的环球所得享有的征税权，是征税国基于纳税人与征税国存在着居民身份关系的法律事实而主张行使的征税权。依此税收管辖权，纳税人承担的是无限纳税义务。

3. 来源地税收管辖权是指收入来源国对非居民来源于该国的所得享有的征税权，是征税国基于作为课税对象的所得或财产系来源于或存在于本国境内的事实而主张行使的征税权。依此税收管辖权，纳税人承担的是有限的纳税义务。

4. 国际重复征税（法律意义的国际重复征税）是指两个或两个以上的国家，对同一纳税人就同一征税对象，在同一时期课征相同或类似的税收。

5. 国际重叠征税（经济意义的国际重复征税）是指两个或两个以上的国家对同一笔所得在具有某种经济联系的不同纳税人手中各征一次税的现象，其通常发生在公司和股东之间。

6. 免税制是指居住国一方对本国居民来源于来源国的已经在来源国纳税的跨

国所得,在一定条件下放弃居民税收管辖权,它是消除和缓解国际重复征税的方法之一。

7. 抵免制是目前大多数国家采用的避免国际重复征税的方法。采用这种方法时,居住国按照居民纳税人的境外所得或一般财产价值的全额为基数计算其应纳税额,但对居民纳税人已在来源国缴纳的所得税或财产税额,允许从居住国应纳税额中扣除。

8. 限额抵免是抵免法中的一种,是指纳税人可以从居住国应纳税额中冲抵的已缴来源国税额,不得超过纳税人的境外来源所得按照居住国税法规定税率计算出的应纳税额。

9. 扣除制是缓解国际重复征税的方法之一,指居住国在对居民纳税人征税时允许从总应税所得中扣除在来源国已经缴纳的税额。

10. 国际逃税是指跨国纳税人采取某种违反税法的手段或措施,减少或逃避其跨国纳税义务的行为。

11. 国际避税是指纳税人利用各国税法上的差异以及其他不违反税法的方式,减少或规避其跨国纳税的义务。

12. 国际税收协定是两个或者两个以上主权国家为了协调相互之间的税收分配关系和处理税务方面的问题而签订的双边或多边书面文件。

13. 税收饶让抵免是指居住国对其居民因来源地国实行减免税优惠而未实际缴纳的那部分税额,应视同已经缴纳那样给予抵免。

14. 跨国联属企业的转移定价是指跨国联属企业在进行交易时不按一般市场价格标准,而是基于逃避有关国家税收的目的来确定相互之间的交易价格,或人为地提高交易价格或压低交易价格,使利润从税赋高的国家转移到税赋低的国家,以逃避税收。

三、简答题

1. 与国内税收关系相比,国际税法所调整的国际税收关系具有如下特点:(1)就税收关系的主体而言,国际税收关系中的征税主体是两个或两个以上的国家,它们均有权对纳税人的跨国征税对象课税。与作为国内税收关系的征税主体的国家只享有征税权不负担义务不同,作为国际税收关系中征税主体的国家享有征税权利的同时也负有相应的义务。国际税收关系中的纳税主体往往要就同一笔跨国征税对象向两个或两个以上的国家纳税,而国内税收关系中的纳税主体仅向一个国家纳税;(2)就税收关系的客体而言,国际税收关系的客体是纳税人的跨国所得或跨国财产价值,通常是受两个以上国家税收管辖权支配。而国内税收关系中的征税对象,则完全地处于一国税收管辖权范围内;(3)就税收关系的内容而言,国际税收关系是国家间的税收利益分配关系和国家与跨国纳税人之间的税收征纳关系的综合,主体之间的权利义务并非仅具有国内税收关系中强制、无偿的特点,还有对等互惠的内容。

2. 国际税法的法律渊源包括国内法渊源和国际法渊源。国际税法的国内法渊源主要包括各国制定的所得税法和一般财产法,英美法系国家还包括法院的税务案例。国际税法的国际法渊源则主要包括各国相互之间为协调对跨国征税对象的课税而签订的双边或多边性的国际税收协定和各国在国际税收实践中普遍遵行的税收国际惯例。

3. 在各国税法实践中,关于自然人的居民身份的确认,采用的标准主要有以下几种:(1)住所标准,即以自然人在征税国境内是否拥有住所这一法律事实,决定其居民或非居民纳税人的身份,采用这种标准的主要有中国、日本、法国等;(2)居所标准,即以自然人在征税国是否有经常居住场所这一法律事实,决定其居民或非居民纳税人的身份,采用这一标准的主要有英国、加拿大、澳大利亚等国;(3)居住时间标准,即以自然人在征税国境内居留是否达到和超过一定期限,作为划分其居民或非居民的标准。采用这种标准的国家很多,但不同的国家税法上对居住期限的规定很不一致。

4.对于法人居民身份的确定,各国税法实践中主要采用的标准有以下两种:(1)实际控制和管理中心所在地标准。按照这一标准,法人的实际管理和控制中心处在哪一国,便为该国的居民纳税人。而所谓法人的实际控制和管理中心所在地,指的是作出和形成法人的经营管理重要决定和决策的地点,通常就是董事会或股东会经常召集开会的地点。英国、印度、新西兰等国,都采用这种标准;(2)总机构所在地标准。按此标准,法人的居民身份决定于它的总机构所在地,而所谓总机构,一般是指负责管理和控制法人的日常经营业务活动的中心机构,如总公司、总部经理或主要事务所等。中国和日本均采用此种标准。

5.国际重复征税和国际重叠征税最大的区别有两点:(1)纳税主体不同:国际重复征税是对同一纳税人的同一所得重复征税;国际重叠征税则是对不同纳税人的同一所得多次征税;(2)税种不同:国际重复征税适用的税种始终相同;而国际重叠征税适用的税种有可能不同。

6.国际重叠征税一般从两个方面来解决,一是由股息收入国采取措施解决,另一是由股息付出国采取措施来解决。(1)股息收入国的措施。股息收入国用来解决国际重叠征税的方法主要有三种:第一种是对来自国外的股息减免所得税。采用此种方法的多数国家要求对国外来源的股息减免所得税必须具备一定的条件,如收取股息的公司必须在付出股息的公司中持有一定数量的股份等。第二种是准许母子公司合并报税。采取这种措施的国家往往规定母公司对子公司的持股要达到相当的比例,在手续上也比较复杂。实践中采用这种措施的国家并不多。第三种是实行间接抵免制,即母公司所在国对子公司在其所在国缴纳的公司所得税给予抵免。当然,间接抵免也存在限额抵免的问题。(2)股息付出国的措施。股息付出国解决国际重叠征税的措施主要有双税率制和折算制两种。双税率制的具体做法是对用于分配股息的利润和不用于分配股息的利润实行不同的公司税率,前者税率低,后者税率高。折算制的具体做法是公司按税法规定缴纳公司所得税,并用税后利润分配股息,对于分配到股息的股东,国库按其所收到的股息额的一定比例退还公司已缴纳的税额。然后,以股息和所退税款之和为基数按适用税率对股东计征所得税,纳税余额便是净股息所得。

7.纳税人进行国际逃税的手法多种多样,比较常见的主要有以下几种:(1)不向税务机关报送纳税资料;(2)谎报所得和虚构扣除;(3)伪造帐册和支付凭证等。

8.目前,多数国家都实行正常交易原则来防止跨国联属企业利用转移定价逃避其应承担的纳税义务。正常交易原则,系将关联企业的总机构与分支机构、母公司与子公司,以及分支机构或子公司相互之间的关系,当作独立竞争的企业之间的关系来处理。按照这一原则,关联企业各个经济实体之间的营业往来,都应按照公平的市场交易价格计算。如果有人为地抬价或压价等不符合这一原则的现象发生,有关国家的税务机关可以依据这种公平市场价格,重新调整其应得收入和应承担的费用。

9. 鉴于跨国纳税人利用避税港从事国际避税,主要是通过在当地设立基地公司,虚构避税港营业以转移和累积利润,各国对这类避税行为的法律管制措施可分为三种类型:第一类是通过法律制裁以阻止纳税人在避税港设立基地公司;第二类管制措施是通过禁止非正常的利润转移来制止基地公司的设立;第三类管制措施则是取消境内股东在基地公司的未分配股息所得的延期纳税待遇,以打击纳税人在避税港设立基地公司累积利润的积极性。

10. 目前,各国多采取双边或多边合作的形式,通过签定有关条约和协定达到防止国际逃避税的目的,其主要包括以下三个方面的内容:(1)建立国际税收情报交换制度,使各国税务机关能够了解掌握纳税人在对方国家境内的营业活动和财产收入情况,以防止和打击跨国纳税人的国际逃避税行为;(2)在双重征税协定中增设反滥用协定条款,以避免跨国纳税人滥用税收协定进行国际避税。(3)在税款征收方面的相互协助,包括一国的税务机关接受另一国税务机关的委托,代为执行某些征税行为,如代为送达纳税通知书,代为实施税收保全措施和追缴税款等。

11. 就目前各国税收协定的实践来看,反滥用协定的方法主要包括以下四种:第一种是透视法,即规定缔约国的居民公司是否享受协定的优惠待遇,取决于控制或拥有该公司的股东是否也是缔约国的居民;第二种是排除法,即在税收协定中明确规定协定的优惠,不适用于缔约国一方某些享受免税或低税待遇的公司;第三种是渠道法,即规定缔约国一方居民公司支付

给第三国居民的股息、利息、特许权使用费等款项,不得超过其总收入的一定比例;第四种是征税法,即规定纳税人享受协定对某些种类所得的减免税优惠,必须以这类所得在纳税人的居住国被征税为前提条件。

四、论述题

1. 各国所得税法和税收实践,对不同性质的所得的来源地采用的判定标准和原则并不完全一致。(1)营业所得来源地的确认:税法中的营业所得通常是指纳税人从事各种工商业经营性质的活动所取得的利润。关于营业所得来源地的认定,国际上一般采用常设机构原则,即征税国只能对非居民设在本国境内的常设机构来源于本国的营业所得征税。而所谓常设机构,是指外国法人在收入来源国境内设立的可以从事全部或部分营业的固定场所,如分支机构、办事处、工厂、作业场所等。(2)劳务所得来源地的确认:劳务所得一般是指纳税人向他人提供劳动服务而获得的报酬。纳税人如为企业,其所取得的劳务所得在各国税法上通常认定为营业所得。个人所获得的劳务报酬可以分为独立劳务所得和非独立劳务所得两类。各国确认独立劳务所得的来源地有以下标准:固定基地标准、停留期间标准、收入支付地标准;各国确认非独立劳务所得来源地的标准包括停留时间标准和收入支付地标准等。(3)投资所得来源地的确认:投资所得主要包括纳税人从事各种间接投资活动而取得的股息、利息、特许权使用费和租金收益等。各国主要采用以下两种原则来确认投资所得的来源地:一是投资权利发生地原则,即以这类权利的提供人的居住地为所得的来源地;另一是投资权利使用地原则,即以权利或资产的使用或实际负担投资所得的债务人居住地为所得来源地。(4)财

产所得来源地的确认:税法意义的财产所得是指纳税人因转让其财产的所有权取得的所得。对转让不动产所得的来源地认定,各国税法一般都以不动产所在地为所得来源地。但在转让不动产以外的其他财产所得的来源地认定上,各国主张的标准不一。如对转让公司股份财产所得,有些国家以转让人居住地为其所得来源地,有些国家则以被转让股份财产的公司所在地为来源地,还有些国家主张转让行为发生地为其所得来源地。

2.纳税人进行国际避税的方式多种多样,但常用的避税方式主要包括:(1)通过纳税主体的跨国移动进行国际避税。例如,由于各国一般以个人在境内存在居所、住所或居留达到一定期限等法律事实,作为行使居民税收管辖权的依据。对此,自然人往往采取移居国外或压缩在某国的居留时间等方式,达到规避在某国承担较高的居民纳税人义务的目的。(2)通过征税对象的跨国移动进行国际避税。这是跨国纳税人最经常采用的一类避税方法。其具体做法主要有两种,一种是跨国联属企业通过转移定价进行避税,即跨国联属企业在进行交易时不按一般市场价格标准,而是基于逃避有关国家税收的目的来确定相互之间的交易价格,或人为地提高交易价格或压低交易价格,使利润从税赋高的国家转移到税赋低的国家,以逃避税收。另一种是跨国纳税人利用避税港进行国际避税,即通过在那些对所得和财产不征税或按很低税率征税的国家和地区(避税港)设立"基地公司",将在避税港境外的所得和财产汇集在基地公司帐户下,从而达到逃避国际税收的目的。(3)跨国投资人有意弱化股份投资进行国际避税,即在跨国股息和利息所得的实际国际税负存在较大差别的情况下,跨国投资人有意弱化股份投资而增加贷款融资比例,从而达到避税的目的。(4)跨国纳税人滥用税收协定进行国际避税,即本无资格享受某一特定的税收协定优惠待遇的第三国居民,为获取该税收协定的优惠待遇,通过在协定的缔约国一方境内设立一个具有该国居民身份的导管公司(通常采用子公司形式),从而间接享受了该税收协定提供的优惠待遇,减轻或避免了其跨国所得本应承担的纳税义务。

五、案例分析题

A公司该纳税年度实际应向甲国缴纳的所得税税额为50万元。其计算步骤如下:

(1)B公司交纳公司所得税后所得:$200-200\times30\%=140$万元

(2)B公司支付A公司股息:140万元$\times50\%=70$万元

(3)A公司承担B公司所得税额(视同纳税额):$(200\times30\%)\times(70\div140)=30$万元

(4)A公司来自B公司的所得额:70万元$+30$万元$=100$万元

(5)A公司间接抵免额:$(100+100)\times40\%\times[100\div(100+100)]=40$万元

(6)允许抵免额:30万元(因为限额)

(7)A公司实际缴纳甲国所得税税额为:$(100+100)\times40\%-30=50$万元

附一:历年国家司法考试真题、参考答案及解析(国际经济法部分)

一、单项选择题,每题所给选项中只有一个正确答案。

1. 甲国 A 公司(买方)与乙国 B 公司(卖方)签订一进口水果合同,价格条件为 CFR,装运港的检验证书作为议付货款的依据,但约定买方在目的港有复验权。货物在装运港检验合格后交由 C 公司运输。由于乙国当时发生疫情,船舶到达甲国目的港外时,甲国有关当局对船舶进行了熏蒸消毒,该工作进行了数天。之后,A 公司在目的港复验时发现该批水果已全部腐烂。依据《海牙规则》及有关国际公约,下列哪一选项是正确的?(2004 年司法考试试卷一第 41 题)

A. C 公司可以免责

B. A 公司应向 B 公司提出索赔,因为其提供的货物与合同不符

C. A 公司应向 C 公司提出索赔,因为其没有尽到保管货物的责任

D. A 公司应向 B 公司提出索赔,因为其没有履行适当安排保险的义务

2. 《保护文学艺术作品伯尔尼公约》是著作权领域第一个世界性多边国际条约,也是至今影响最大的著作权公约。下列关于该公约的说法哪一个是不正确的?(2004 年司法考试试卷一第 46 题)

A. 该公约采用自动保护原则

B. 该公约不保护演绎作品

C. 非成员国国民的作品在成员国首次发表可以受到公约的保护

D. 该公约保护作者的经济权利

3. 下列哪一项措施不是我国有关反倾销法律规定的反倾销措施?(2005 年司法考试试卷一第 42 题)

A. 临时反倾销措施   B. 价格承诺

C. 反倾销税   D. 进口配额

4. 下列哪一项不是出口保理商提供的服务?(2005 年司法考试试卷一第 45 题)

A. 对销售货物质量进行监督

B. 应收账款的催收

C. 坏账担保

D. 贸易融资

5. 关于世界贸易组织(WTO)的最惠国待遇制度,下列哪种说法是正确的?(2006 年司法考试试卷一第 42 题)

A. 由于在 WTO 不同的协议中,最惠国待遇的含义不完全相同,所以,最惠国待遇的获得是有条件的

B. 在 WTO 中,最惠国待遇是各成员相互给予的,每个成员既是施惠者,也是受惠者

C. 对最惠国待遇原则的修改需经全体成员 4/5 同意才有效

D. 区域经济安排是最惠国待遇义务的例外,但边境贸易优惠则不是

6. 2006 年初,甲国 X 公司(卖方)与中国 Y 公司(买方)订立货物买卖合同。Y

公司向中国某银行申请开出了不可撤销信用证。在合同履行过程中,Y公司派驻甲国的业务人员了解到,该批货物很可能与合同严重不符且没有价值,于是紧急通知Y公司总部。Y公司随即向有管辖权的中国法院提出申请,要求裁定止付信用证项下的款项。依照2005年《最高人民法院关于审理信用证纠纷案件若干问题的规定》,下列哪一表述是错误的?(2006年试卷一第45题)

A. Y公司须证明存在X公司交付的货物无价值或有其他信用证欺诈行为的事实,其要求才可能得到支持

B. 开证行如发现有信用证欺诈事实并认为将会给其造成难以弥补的损害时,也可以向法院申请中止支付信用证项下的款项

C. 只有在法院确认国外议付行尚未善意地履行付款义务的情况下,才能裁定止付信用证项下的款项

D. 法院接受中止支付信用证项下款项的申请后,须在48小时内作出裁定

7. 关于海上货物运输中的迟延交货责任,下列哪一表述是正确的?(2006年司法考试试卷一第46题)

A. 《海牙规则》明确规定承运人对迟延交付可以免责

B. 《维斯比规则》明确规定了承运人迟延交付的责任

C. 《汉堡规则》只规定了未在约定时间内交付为迟延交付

D. 《汉堡规则》规定迟延交付的赔偿为迟交货物运费的2.5倍,但不应超过应付运费的总额

二、多项选择题,每题所给选项中有两个或两个以上正确答案,少答或多答均不得分。

1. 中国山东某公司于2003年6月14日收到甲国某公司来电称:"×××设备3560台,每台270美元CIF青岛,7月甲国×××港装船,不可撤销即期信用证支付,2003年6月22日前复到有效。"中国山东公司于2003年6月17日复电:"若单价为240美元CIF青岛,可接受3560台×××设备;如有争议在中国国际经济贸易仲裁委员会仲裁。"甲国公司于2003年6月18日回电称仲裁条款可以接受,但价格不能减少。此时,该机器价格上涨,中方又于2003年6月21日复电:"接受你14日发盘,信用证已经由中国银行福建分行开出。"但甲国公司未予答复并将货物转卖他人。关于该案,依1980年《联合国国际货物销售合同公约》的规定,下列选项哪些是正确的?(2004年司法考试试卷一第73题)

A. 甲国公司要约中所采用的是在甲国完成交货的贸易术语

B. 甲国公司将货物转卖他人的行为是违约行为

C. 中国山东公司于2003年6月17日的复电属于反要约

D. 甲国公司于2003年6月18日回电是在要约有效期内发出,属有效承诺

2. 依据我国2004年修订的《中华人民共和国对外贸易法》的规定,关于货物的进出口管理,下列选项哪些是不正确的?(2004年司法考试试卷一第74题)

A. 对自由进出口的货物无需办理任何手续

B. 全部自由进出口的货物均应实行进出口自动许可

C. 实行自动许可的进出口货物,国务院对外贸易主管部门有权决定是否许可

D. 自动许可的进出口货物未办理自动许可手续的,海关不予放行

3. 甲乙两国均为《多边投资担保机构

公约》和《解决国家与他国国民之间投资争端的公约》的缔约国。A公司是甲国投资者在乙国依乙国法设立的一家外商独资企业。乙国政府对A公司采取了征收措施。根据前述两公约，下列说法哪些是正确的？（2004年司法考试试卷一第77题）

A. 遵循一定的程序，A公司有资格事先向多边投资担保机构申请投保征收或类似措施险

B. 如甲国投资者、A公司和乙国政府同意，A公司可以请求"解决投资争端的国际中心"解决该争端

C. 甲国投资者本人不可以请求"解决投资争端的国际中心"解决该争端

D. 多边投资担保机构在向投保人赔付后，可以向甲国政府代位求偿

4. 甲公司作为卖方同乙公司签订出口合同一份，采用可撤销信用证付款方式。甲公司以开证行指定的付款行丙银行为付款人开立了汇票，并凭信用证和有关单据要求丙银行承兑。丙银行承兑后，开证行撤销该信用证的通知到达丙银行。基于前述事实，下列哪些表述是正确的？（2005年司法考试试卷一第85题）

A. 丙银行的承兑行为有效

B. 开证行的撤销行为有效

C. 甲公司或者其他持票人向丙银行提示付款时，丙银行有义务付款

D. 开证行虽已书面通知丙银行撤销信用证，但仍应向丙银行偿付有关款项

5. 关于贸易救济措施争议的国内程序救济和多边程序救济，下列哪些说法是正确的？（2006年试卷一第83题）

A. 前者的当事人是原调查的利害关系人，而后者的当事人是出口国政府和进口国政府

B. 前者的申诉对象是主管机关的具体行政行为，而后者的申诉对象则还包括行政复议裁决、法院判决，甚至还包括进口国立法

C. 前者的审查依据是进口国国内法，而后者的审查依据是WTO的相关规则

D. 前者遵循的是进口国国内行政复议法或行政诉讼法，而后者遵循的是WTO的争端解决规则

6. 根据《与贸易有关的知识产权协议》，下列哪些选项应受到知识产权法律的保护？（2006年司法考试试卷一第85题）

A. 独创性数据汇编

B. 动植物新品种

C. 计算机程序及电影作品的出租权

D. 疾病的诊断方法

7. 施密斯公司作为买方与邻国的哈斯公司签署了一项水果买卖合同。除其他条款外，双方约定有关该合同的争议应适用1980年《联合国国际货物销售合同公约》并通过仲裁解决。施密斯公司在检验收到的货物时，发现该水果的大小与合同的规定差别很大，便打算退货。根据这些情况，下列哪些表述是正确的？（2006年司法考试试卷一第86题）

A. 施密斯公司应当根据情况采取合理措施保全货物

B. 施密斯公司有权一直保有这些货物，直至哈斯公司对其保全货物所支出的合理费用作出补偿为止

C. 施密斯公司不必使用自己的仓库保管该货物

D. 施密斯公司也可以出售该货物，但在可能的范围内，应当把出售的意向通知哈斯公司

三、不定项选择题，每题所给选项中有一个或一个以上正确答案，少答或多答均不得分。

1. 实施反倾销税的条件之一是倾销进口与国内产业损害间存在因果关系。关

于这一条件的下列表述何者为正确？
（2004 年司法考试试卷一第 93 题）

A. 倾销进口是国内产业损害的唯一原因

B. 倾销进口必须是造成国内产业损害的一个原因

C. 其他因素造成的国内产业损害不得归因于倾销进口

D. 没有倾销进口，就没有国内产业损害

2. 中国某公司向欧洲出口啤酒花一批，价格条件是每公吨 CIF 安特卫普××欧元。货物由中国人民保险公司承保，由"罗尔西"轮承运，船方在收货后签发了清洁提单。货到目的港后发现啤酒花变质，颜色变成深棕色。经在目的港进行的联合检验，发现货物外包装完整，无受潮受损迹象。经分析认为该批货物是在尚未充分干燥或温度过高的情况下进行的包装，以至在运输中发酵造成变质。据此，下列表述何者为正确？（2004 年司法考试试卷一第 94 题）

A. 收货人应向承运人索赔，因为其签发了清洁提单

B. 收货人应向发货人索赔，因为该批货物在装船前就有品质问题

C. 承运人对变质可以不承担责任，因为承运人对于货物的固有缺陷可以免责

D. 承运人对变质应承担责任，因为承运人在运输中有谨慎管理货物的义务

3. 按照世界贸易组织争端解决制度的规定和实践，有关非违反性申诉与违反性申诉的下列表述何者为正确？（2004 年司法考试试卷一第 95 题）

A. 非违反性申诉中，申诉方无需证明被申诉方违反了世界贸易组织协定的有关条款

B. 违反性申诉中，申诉方需要证明被

诉方采取的措施造成申诉方利益的丧失或受损

C. 如申诉方的非违反性申诉成功，被诉方没有取消有关措施的义务，但需对申诉方作出补偿

D. 如申诉方的非违反性申诉成功，被诉方应撤销或废除被申诉的措施

4. 根据《中华人民共和国反补贴条例》规定，下列有关补贴认定的说法中，何者为正确？（2005 年司法考试试卷一第 97 题）

A. 补贴不必具有专向性

B. 补贴必须由政府直接提供

C. 接受者必须获得利益

D. 必须采取支付货币的形式

5. 南美某国的修格公司希望从我国太原辉泉公司购买一批货物。双方正在就货物销售合同的具体条款进行谈判。双方都希望选择国际商会《2000 年国际贸易术语解释通则》中的贸易术语来确定货物销售的价格和相关义务。双方对于该货物的国际买卖均有丰富经验，且都与从事国际海上货物运输和保险的专业公司保持着经常的业务关系。基于上述事实，下列何种表述是正确的？（2006 年司法考试试卷一第 95 题）

A. 从修格公司的角度出发，如果选择 EXW 贸易术语，意味着它要承担的相关义务比选择任何其他的贸易术语都要大

B. 修格公司可以接受"CFR 天津"的贸易术语而自己向保险公司投保货物运输险

C. 假如双方采用了"CIF 布宜诺斯艾利斯"的贸易术语，辉泉公司对货物在公海上因船舶沉没而导致的货损应向修格公司承担赔偿责任

D. 双方都有可能接受《国际贸易术语解释通则》F 组中的某项贸易术语

参考答案及解析

一、单项选择题

1.[答案] A

[考点] 国际货物买卖和国际货物运输

[解析] 依据《海牙规则》及有关国际公约的规定,承运人或船舶对由于一系列原因引起或造成的货物灭失或损坏概不负责,其中第8项即为检疫限制。本题中货物在装运港检验合格后交由C公司运输,在目的港因"检疫限制"而导致货物灭失或者损坏,承运人C公司可以免责。因此,A项正确,C项错误。

在A公司与B公司的买卖合同中约定装运港的检验证书作为议付货款的依据,货物在装运港检验合格后交由C公司运输,证明B公司的货物符合合同约定。货到目的港后买方有复验权,如果复验后发现货物的品质、数量等与合同不符,买方可以根据交验的结果向卖方提出索赔。但在本题中,题面明显给出了目的港国家检疫限制的条件,因此对B公司来说,其可援引不可抗力而免责,故B项错误。CFR术语的含义的成本加运费。在CFR术语下,货物的运输保险由买方负责,因此A公司不能以B公司没有履行适当安排保险的义务为由,向B公司提出索赔。故D项错误。

2.[答案] B

[考点] 国际知识产权保护

[解析] 根据《保护文学艺术作品伯尔尼公约》第2条第3项的规定:"翻译作品、改编作品、改编乐曲以及某件文字或艺术作品的其他改变应得到与原著同等的保护,而不损害原著作者的权利。"而对其他已经存在的文学艺术作品进行翻译、改编

以及其他变动而形成的新作品即指演绎作品。因此,B项"该公约不保护演绎作品"的表述是错误的,本题要求选择不正确的选项,应当选择B项。

根据该公约第3条第1项的规定:"根据本公约:(a)为本联盟任何一成员国公民的作者,其作品无论是否发表,应受到保护。(b)非为本联盟任何一成员国公民的作者,其作品首次在本联盟一成员国出版或在本联盟一成员国和一非本联盟成员国内同时出版的,应受到保护;"因此,作品完成后,作者不需要履行任何特别的手续,其作品即可受到保护,即自动保护原则。同时非成员国国民的作品在成员国首次发表可以受到公约的保护,A项、C项属于公约的保护范围。该公约既保护作者的精神权利,也保护作者的经济权利,这是该公约与《世界版权公约》的重大区别之一,后者只保护作者的经济权利。故D项属于公约的保护范围。

3.[答案] D

[考点] 反倾销措施

[解析] 我国《反倾销条例》在其第四章"反倾销措施"中分别规定了三种措施:第一节规定了临时反倾销措施;第二节规定了价格承诺;第三节规定了反倾销税。

进口配额不是我国反倾销措施之一,而是对外贸易管制的措施之一。

本题重点考查我国有关反倾销的措施,是基本知识点,应当顺利答出。

4.[答案] A

[考点] 国际保理

[解析] 国际保理是一种新型的国际贸易支付方式,即不同于信用证、托收、汇付等传统贸易支付方式的新方式。一般情况下,国际保理是指由保理商向出口商提供的对买方的信用销售控制、坏账担保、销售分户账管理、债款回收和贸易融资的综

合性金融服务。因此本题中 BCD 项均为国际保理商提供服务的内容。

鉴于国际保理是一种国际贸易支付方式,故不涉及对销售货物质量的监督问题,这一点同其他的国际贸易支付方式,如信用证、托收等。

即使考生对于国际保理不十分熟悉,也可以通过对备选答案的分析进行做答。因为本题为单项选择题,除了对货物质量进行监督这一选项以外,其他选项均与资金有关,故可以推断国际保理是与资金往来有关的一种制度。

国际保理是近年来国际经济法考试当中首次涉及的内容。提醒广大考生在复习时一定注意司法考试每年大纲的新变化。

5.[答案]　B

[考点]　世界贸易组织(WTO)关于最惠国待遇的制度

[解析]　最惠国待遇就是指缔约一方现在和将来给予任何第三方的优惠和豁免,也应给予缔约对方。世界贸易组织的最惠国待遇属于互惠的、无条件的和普遍的最惠国待遇。最惠国待遇是 WTO 最重要的制度,也可以说,WTO 的多边贸易机制是依赖最惠国待遇形成的。因此 WTO 规定,对最惠国待遇的修改须经全体成员同意方才有效。故本题中 C 项的表述是错误的。

在 WTO 的 GATT、GATS、TRIPS 中均有关于最惠国待遇的规定,不同协议中最惠国待遇的义务不尽相同,但是每一个最惠国待遇的成员既是施惠者,也是受惠者,最惠国待遇的享受是无条件的。故 A 项的表述不正确,B 项的表述是正确的。

GATT 对最惠国待遇原则的例外规定有:(a)历史遗留的特惠关税安排;(b)关税同盟和自由贸易区;(c)边境小额贸易优惠;(d)对发展中国家的差别的、更有利的

优惠待遇。故 D 项的表述是错误的。

以往司法考试对最惠国待遇的考查集中在对最惠国待遇例外的考查,而今年对最惠国基本原则的考查尚属首次,这需要考生在关注条目性的规章制度之外加深对基本原则的理解和掌握。本题中 A 项有一定的干扰性,但是由于 B 项是明显正确的选项,且本题为单选题,故而降低了试题的难度。

6.[答案]　C

[考点]　我国法院对信用证中止支付的条件

[解析]　根据《最高人民法院关于审理信用证纠纷案件若干问题的规定》(本题以下简称《规定》)第 11 条的规定:"当事人在起诉前申请中止支付信用证项下款项符合下列条件的,人民法院应予受理:

(一)受理申请的人民法院对该信用证纠纷案件享有管辖权;

(二)申请人提供的证据材料证明存在本规定第八条的情形;

(三)如不采取中止支付信用证项下款项的措施,将会使申请人的合法权益受到难以弥补的损害;

(四)申请人提供了可靠、充分的担保;

(五)不存在本规定第十条的情形。

当事人在诉讼中申请中止支付信用证项下款项的,应当符合前款第(二)、(三)、(四)、(五)项规定的条件。"可见,Y 公司的要求如果想得到法院的支持必须同时满足上述四个条件。而该《规定》第 8 条:"凡有下列情形之一的,应当认定存在信用证欺诈:

(一)受益人伪造单据或者提交记载内容虚假的单据;

(二)受益人恶意不交付货物或者交付的货物无价值;

(三)受益人和开证申请人或者其他第

三方串通提交假单据,而没有真实的基础交易;

(四)其他进行信用证欺诈的情形。"因此 Y 公司须证明存在 X 公司交付的货物无价值或有其他信用证欺诈行为的事实,其要求才可能得到支持,A 项的表述是正确的。

该《规定》第 9 条规定:"开证申请人、开证行或者其他利害关系人发现有本规定第八条的情形,并认为将会给其造成难以弥补的损害时,可以向有管辖权的人民法院申请中止支付信用证项下的款项。"因此 B 项的表述是正确的。

该《规定》第 10 条规定:"人民法院认定存在信用证欺诈的,应当裁定中止支付或者判决终止支付信用证项下款项,但有下列情形之一的除外:

(一)开证行的指定人、授权人已按照开证行的指令善意地进行了付款;

(二)开证行或者其指定人、授权人已对信用证项下票据善意地作出了承兑;

(三)保兑行善意地履行了付款义务;

(四)议付行善意地进行了议付。"因此,在上述四种情况下,法院均不能裁定止付。

本题 C 项的表述,乍看来并无不妥,虽然缺省了法院认定信用证欺诈存在的前提,但并不影响该选项的判断。"只有……,才……"是必要条件的表述方式,而"议付行尚未善意地进行议付"只是法院裁定中止支付的充分条件之一,正确的表述方法为"如果……,则……"故 C 项的表述错误。

该《规定》第 12 条:"人民法院接受中止支付信用证项下款项申请后,必须在四十八小时内作出裁定;裁定中止支付的,应当立即开始执行。"因此本题 D 项的表述是正确的。

7. [答案] D

[考点] 关于海上运输迟延交付货物的责任

[解析] 《海牙规则》虽然没有明确规定承运人可以对迟延交付免责,但是也未对承运人迟延交付的责任加以规定,《维斯比规则》对《海牙规则》并无实质意义上的修改,也未对承运人迟延交付的责任予以规定。故本题 A、B 项的表述是错误的。

《汉堡规则》彻底改变了承运人的责任基础,更倾向于货主的利益,在《汉堡规则》第 5 条第 2 款中对迟延交付作了明确规定:"如果货物未在明确约定的时间内,或虽无此项约定,未能在一个勤勉的承运人所能合理要求的时间内,在运输合同规定的卸货港交付,构成迟延交付。"《汉堡规则》对确立迟延交付这一独立法律制度起了决定作用。本题 C 项的表述不完整,《汉堡规则》对于未在约定时间交付或者未在合理时间内交付均定义为迟延交付。

《汉堡规则》第 6 条第 1 款第 2 项规定,承运人对于迟延交付所造成的赔偿责任,以相当于该迟延交付部分的货物应付运费的 2.5 倍为限,但不得超过海上运输合同规定的货物应付运费总额。因此 D 项的表述是正确的。本题应当选择 D 项。

值得一提的是,在我国《海商法》制订过程中,以货方利益为代表竭力主张采用"汉堡规则"的做法,而以船方代表则竭力主张采用"海牙—维斯比规则",最后《海商法》遵循了从我国实际情况出发,以"海牙—维斯比规则"为基础,适当吸收"汉堡规则"中比较合理内容的原则,对迟延交付及承运人责任作了规定。我国《海商法》第 50 条仅规定:"货物未能在明确约定的时间,在约定的卸货港交付的,为迟延交付。"可以看出该规定,从某种程度来说是船货双方利益协调和妥协的结果,是国际通行做法的突破。因此,我国《海商法》只规定了未在约定时间内交付为迟延交付,且第57条规定,承运人对货物因迟延交付造成经济损失的赔偿限额,为所迟延交付的货物的运费数额。

二、多项选择题

1.[答案] AC

[考点] 承诺与贸易术语

[解析] CIF术语的意思是成本、保险费加运费。在CIF术语下,卖方在装运港将货物装上船,即完成了交货义务。由于在CIF术语后所注明的是目的港,我国曾将CIF术语译作"到岸价",所以CIF合同的法律性质常被误解为"到货合同"。为此必须明确指出,CIF以及其他C组术语与F组术语一样,卖方在装运地完成交货义务。按此类术语成交的合同,卖方在装运地(港)将货物交付装运后,对货物可能发生的任何风险不再承担责任。故A项正确。

国际货物买卖合同是当事人之间意思表示一致的结果。它是通过一方提出要约,另一方对要约表示承诺后成立的。承诺是受要约人对要约表示无条件接受的意思表示,实质上变更要约要件构成反要约。所谓实质性变更是指要约条件中有关货物价格、付款、货物质量和数量、交货地点和时间赔偿责任范围或争议解决等的变更。因此,本题中6月14日甲国某公司来电的性质为要约,中国山东公司2003年6月17日复电对要约有实质性修改,构成反要约,也就是一项新的要约,故C项正确。甲国公司2003年6月18日回电未接受价格减少的条件,再度构成6月17日电的反要约,而不是一项有效承诺,故D项错误。中方2003年6月21日复电接受14日发盘,因未涉及仲裁问题,故又构成对6月18日回电的反要约,甲方未予答复,双方

合同没有最终成立。由于合同没有成立,甲国公司将货物转卖他人的行为不是违约行为,B项错误。若中方2003年6月21日复电接受6月17日条件,则合同成立。

2.[答案] ABC

[考点] 对外贸易管制

[解析] 根据我国《对外贸易法》第15条规定:"国务院对外贸易主管部门基于监测进出口情况的需要,可以对部分自由进出口的货物实行进出口自动许可并公布其目录。实行自动许可的进出口货物,收货人、发货人在办理海关报关手续前提出自动许可申请的,国务院对外贸易主管部门或者其委托的机构应当予以许可;未办理自动许可手续的,海关不予放行。进出口属于自由进出口的技术,应当向国务院对外贸易主管部门或者其委托的机构办理合同备案登记。"

故A项的错误在于"无须办理任何手续",B项的错误在于"全部"货物实行自动许可,C项的错误在于国务院对外贸易主管机关"有权决定"是否许可。本题要求选择错误答案,故应当选择ABC项。

3.[答案] AB

[考点] 国际投资法

[解析] 根据《多边投资担保机构公约》第11条"承保险别"的规定,该机构可为合格的投资就因以下一种或几种风险而产生的损失作担保,即货币汇兑险、征收和类似的措施险、政府违约险以及战争和内乱险。甲乙两国均为《多边投资担保机构公约》的缔约国,因此A公司有资格事先向多边投资担保机构申请投保征收或类似措施险。故A项正确。根据《多边投资担保机构公约》第18条"代位"第1款规定:"在对被保险人支付或同意支付赔偿后,本机构应代位取得被保险人对东道国和其他债务人所拥有的有关承保投资的权利或索

赔权。担保合同应包括关于代位的条款。"因乙国政府对 A 公司采取了征收措施,乙国是东道国,所以多边投资担保机构在向投保人赔付后,可以向乙国政府代位求偿。故 D 项错误。

根据《解决国家与他国国民之间投资争端的公约》第 25 条规定:"一、中心的管辖适用于缔约国(或缔约国向中心指定的该国的任何组成部分或机构)和另一缔约国国民之间直接因投资而产生并经双方书面同意提交给中心的任何法律争端。当双方表示同意后,任何一方不得单方面撤销其同意。二、'另一缔约国国民'系指:(一)在双方同意将争端交付调解或仲裁之日以及根据第二十八条第三款或第三十六条第三款登记请求之日,具有作为争端一方的国家以外的某一缔约国国籍的任何自然人,但不包括在上述任一日期也具有作为争端一方的缔约国国籍的任何人;(二)在争端双方同意将争端交付调解或仲裁之日,具有作为争端一方的国家以外的某一缔约国国籍的任何法人,以及在上述日期具有作为争端一方缔约国国籍的任何法人,而该法人因受外国控制,双方同意为了本公约的目的,应看做是另一缔约国国民。"

A 公司在乙国成立,具有争端一方缔约国乙国的国籍,但其受到甲国控制,可以看做另一缔约国国民。如甲国投资者、A 公司和乙国政府同意,A 公司可以请求"解决投资争端的国际中心"解决该争端,B 项正确。甲国投资者符合"具有作为争端一方的国家以外的某一缔约国国籍的任何自然人"的条件,可以请求"解决投资争端的国际中心"解决该争端,故 C 项错误。

4.[答案] ABCD

[考点] 信用证的撤销和承兑

[解析] 承兑是付款行表示接受付款指示,同意承担付款义务而将此意思记载于汇票之上的行为。由于丙银行的承兑行为在开证行撤销信用证的通知到达之前作出,故丙银行的承兑行为有效,A 项正确。

根据《跟单信用证统一惯例》第 8 条有关信用证撤销的规定,可撤销的信用证可以由开证行随时修改或撤销,不必事先通知受益人。然而,开证行必须对办理可撤销信用证项下即期付款、承兑或议付的另一家银行,在其收到修改或撤销通知之前已凭表面与信用证条款相符的单据作出的任何付款、承兑或议付,予以偿付。故 BD 项正确。

凡由另一受票银行承兑者——如信用证内规定的受票银行对于以其为付款人的汇票不予承兑,应由开证行承兑并在到期日支付受益人出具的以开证行为付款人的汇票;或者,如受票银行对汇票已承兑,但到期不付,则开证行应予支付;付款行承兑汇票后即成为汇票的主债务人,如果承兑人到期不付款,持票人可以直接对其起诉。因此,当甲公司或者其他持票人向丙银行提示付款时,丙银行有义务付款。C 项正确。

本题结合考查了可撤销的信用证与汇票的承兑问题,有一定难度。

5.[答案] ABCD

[考点] 关于贸易救济措施争议的国内程序救济和多边程序救济的区别

[解析] 贸易救济措施主要包括反倾销措施、反补贴措施、保障措施等,对贸易救济措施产生争议,一般可以通过两种方式来解决:一是由原利害关系人通过进口国的行政程序进行复议或者通过进口国的司法程序进行诉讼;二是由利害关系人通过本国政府,提请 WTO 争端解决程序进行,鉴于这两种方式一种是通过国内程序进行,一种是通过 WTO 多边程序进行,所

以前者称为国内程序,后者称为多边程序。

国内程序与多边程序的主要区别如下:

(1)国内程序救济前者的当事人是原调查的利害关系人,而后者的当事人是出口国政府和进口国政府。

(2)前者的申诉对象是主管机关的具体行政行为,而后者的申诉对象则还包括行政复议裁决、法院判决,甚至还包括进口国立法。

(3)前者的审查依据是进口国国内法,而后者的审查依据是WTO的相关规则。

(4)前者遵循的是进口国国内行政复议法或行政诉讼法,而后者遵循的是WTO的争端解决规则。

(5)前者可以由国内进行复议或者审判的机构直接裁定修改、撤销有关贸易救济措施;后者只能由WTO争端解决机构建议或者督促成员国政府修改、撤销有关贸易救济措施。

因此本题的正确答案为ABCD四项。

其实,本题只要考生了解到国内程序是通过国内法解决,多边程序是通过WTO解决这一基本前提,本题即可迎刃而解。因为无论是否贸易救济措施争议,从普遍意义上说,国内法程序与WTO争端解决程序的区别一般情况下均如以上解析所述。

贸易救济措施的国内司法审查与多边审查是2006年司法考试大纲的新增内容,考查的可能性非常大,考生在复习时要对类似新增的问题加以重视。

6.[**答案**]　AC

[**考点**]　《与贸易有关的知识产权协议》项下知识产权保护的对象和内容

[**解析**]　《与贸易有关的知识产权协议》第二部分"关于知识产权的效力、范围及使用表述"第1—7节列出了其保护的范围如下:

(1)版权及相关权利:包括《伯尔尼公约》保护的版权;计算机程序和数据汇编;计算机程序和电影艺术作品出租权;

(2)商标;

(3)地理标志;

(4)工业品外观设计;

(5)专利;

(6)集成电路布图设计(拓扑图);

(7)未披露信息。

因此本题中AC项属于其保护范围,应当入选。

《与贸易有关知识产权协议》第27条第3款规定:"成员还可以将下列各项排除于可获专利之外:

(a)诊治人类或动物的诊断方法、治疗方法及外科手术方法;

(b)除微生物之外的动、植物,以及生产动、植物的主要是生物的方法;生产动、植物的非生物方法及微生物方法除外;……"因此,本题BD项是可以被排除在保护范围之外的,并非《与贸易有关知识产权协议》应当保护的内容。

如果不了解有关TRIPS的规定,本题利用国内专利法的有关知识,通过排除法同样可以得出正确答案。

7.[**答案**]　ACD

[**考点**]　在卖方严重违约而买方拒绝接受货物的情况下,买方的权利义务

[**解析**]　《联合国国际货物销售合同公约》第86条第1款规定:"如果买方已收到货物,但打算行使合同或本公约规定的任何权利,把货物退回,他必须按情况采取合理措施,以保全货物。他有权保有这些货物,直至卖方把他所付的合理费用偿还给他为止。"故本题A项表述是正确的。

如果不考虑本题货物的特殊性,B项的表述也是正确的。但是本题特别指出货

物是水果,而水果属于容易变质的货物,对这样的货物一直保全下去往往会带来更大的损失,为避免损失的扩大,必须出售货物。《联合国国际货物销售合同公约》第88条第2款规定:"如果货物易于迅速变坏,或者货物的保全牵涉到不合理的费用,则按照第八十五条或第八十六条规定有义务保全货物的一方当事人,必须采取合理措施,把货物出售,在可能的范围内,他必须把出售货物的打算通知另一方当事人。"因此在本题设置的前提下,不能说B项是完全正确的。同时可以看出本题D项的表述是正确的。

《联合国国际货物销售合同公约》第87条规定:"有义务采取措施以保全货物的一方当事人,可以把货物寄放在第三方的仓库,由另一方当事人担负费用,但该项费用必须合理。"故本题C项的表述是正确的。

三、不定项选择题

1. [答案] BC

[考点] 反倾销

[解析] 实施反倾销税的条件之一是倾销进口与国内产业损害之间存在因果关系。"因果关系"是指进口产品的倾销与进口方国内产业所受到损害之间的联系。倾销与损害之间的因果关系有三种基本类型:(1)一般因果关系,是指当进口方国内产业的损害是由进口产品倾销和其他因素共同造成的结果,倾销只是造成损害的一个因素,表明倾销与损害之间存在相关性。只要倾销是造成损害的原因之一,就可以认定倾销与损害之间存在因果关系。(2)主要因果关系,是指进口国国内产业的损害完全或主要是由倾销产品造成。(3)无因果关系,是指进口方国内产业的损害不是由倾销产品造成,而是明显由其他原因造成,则表明两者之间不存在因果关系。

在反倾销案件因果关系类型中,"一般原因"的因果关系较"主要原因"的因果关系更具灵活性和保护性,显然更有利于对国内产业的保护。在现阶段,根据各国的贸易政策,在反倾销案件中因果关系的判定标准倾向于为采纳"一般原因"的因果关系标准类型。

本题没有限定适用何国法律,只能按照一般的理论来判断。无论是一般因果关系还是主要因果关系,倾销进口必须是造成国内产业损害的一个原因,因此B项正确。而倾销进口不一定是国内产业损害的唯一原因,A项错误。其他因素造成的国内产业损害不得归因于倾销进口,C项正确。其他因素也可能造成国内产业损害,所以"没有倾销进口,就没有国内产业损害"的说法是错误的,D项错误。

2. [答案] BC

[考点] 承运人责任

[解析] 清洁提单指提单上未附加表明货物表面状况有缺陷的批注的提单。承运人如签发了清洁提单,就表明所接受的货物表面或包装完好,承运人不得事后以货物包装不良等为由推卸其运送责任。本题中船方在收货后签发了清洁提单,表明发运时包装良好,货物经在目的港进行的联合检验,发现货物外包装完整,无受潮受损迹象,因此可判定承运人在运输中尽到了谨慎管理货物的义务,货物的变质并非承运人保管不当致使包装破损而造成的。即使承运人签发了清洁提单,也不因此必须承担责任。

该批货物经检验分析认为是在尚未充分干燥或温度过高的情况下进行的包装,以至在运输中发酵造成变质,可判断出该批货物在装船前品质就有问题,即货物有固有缺陷。根据民商法的一般原理和国际货物买卖的实践,承运人对于货物的固有缺陷可以免责。由于本题并未指明应适用的公约或者法律,只能根据民商法的一般原理和国际货物买卖的实践中适用的规则来判断,考生可参见《海牙规则》中承运人的免责条款。本题选择 BC 项。

3.[答案] AC

[考点] 世界贸易组织争端解决制度

[解析] WTO 争端解决程序主要规定在《关于争端解决规则与程序的谅解》中,在三种情况下,一成员可以提起争端解决:(1)另一成员违反了协定的义务,即违反之诉;(2)另一成员采取了某种措施,即非违反之诉;(3)其他情况。从字面看,在这三种情况下,该成员都必须证明其利益被抵销或减损,或者协定目标的实现受到了阻碍。但在 WTO 实践中,在违反协定义务的情况下,该措施就被视为初步构成了利益的抵销或减损,即违反规则就是对其他成员造成了不利影响。因此,在违反协定的情况下,起诉方没有义务证明其利益被抵销或减损,或者协定目标的实现受到了阻碍。故 B 项错误。

非违反之诉指如果一方实施的某种措施,无论该措施是否与世界贸易组织协定相符,或因其他任何情况,而造成他方利益损失,则另一方可诉诸争端解决程序。专家组或上诉机构的审理仅限于一方实施的造成他方损失的措施,对此,如申诉方的非违反性申诉成功,被诉方无义务撤销其措施,但需对申诉方作出补偿。故 AC 项正确,D 项错误。

4.[答案] C

[考点] 补贴的认定

[解析]《反补贴条例》第 3 条规定:"补贴,是指出口国(地区)政府或者其任何公共机构提供的并为接受者带来利益的财政资助以及任何形式的收入或者价格支持。出口国(地区)政府或者其任何公共机构,以下统称出口国(地区)政府。本条第一款所称财政资助,包括:(一)出口国(地区)政府以拨款、贷款、资本注入等形式直接提供资金,或者以贷款担保等形式潜在地直接转让资金或者债务;(二)出口国(地区)政府放弃或者不收缴应收收入;(三)出口国(地区)政府提供除一般基础设施以外的货物、服务,或者由出口国(地区)政府购买货物;(四)出口国(地区)政府通过向筹资机构付款,或者委托、指令私营机构履行上述职能。"

《反补贴条例》第 4 条规定:"依照本条例进行调查、采取反补贴措施的补贴,必须具有专向性。"

根据上述法律规定,本题 C 项为正确答案。A 项与《反补贴条例》第 4 条的规定相抵触,B 项与《反补贴条例》第 3 条第 1 款的规定相抵触,D 项与《反补贴条例》第 3 条第 1 款及第 2 款的规定相抵触。

5.[答案] AD

[考点] E、C、F 组贸易术语内容

[解析] EXW,意思是工厂交货(指定地点)。在这一贸易术语中,卖方在自己所在的工厂完成交货义务,卖方责任最小,买方责任最大。本题中修格公司是买方,因此如果选择该术语,则意味着其承担的义务比选择任何其他的贸易术语都要大,A 项正确。

CFR,意思是成本加运费,属于后缀的地点是指定目的港,CFR 天津意味着到货目的港是天津港,本题并没有特别交代货物的发货地和收货地,但是特别交代了买方修格公司是南美公司,卖方辉泉公司是中国太原的公司,隐含了发货地是中国,收货地是南美的意思,本题 B 项 CFR 天津意味着收货地是中国,显然不合常理,故本题 B 项的表述是错误的。

CIF 术语指在装运港当货物越过船舷

时,卖方即完成交货。但是卖方须支付将货物运至指定目的港所需的运费,并办理运输中的保险。该术语中,风险转移是在货交承运人时(即装运港当货物越过船舷时),所以在公海上因船舶沉没而导致的货损的风险已经转移到修格公司承担,辉泉公司不承担赔偿责任,本题 C 项的表述是错误的。

F组包括三个贸易术语:FAS,意思是船边交货(指定装运港);FOB,意思是船上交货(指定装运港);FCA,意思是货交承运人(指定地点)。双方有可能接受其中的任何一项。当事人双方在合同谈判时完全可以自由选择双方希望的术语,只要双方达成一致意见,理论上讲,双方选择任何一种术语均不足为奇。D项的表述是正确的。

附二:名校考研真题(国际经济法部分)

一、名词解释

1. 特许经营协议(中国人民大学 2006 年国际法学专业卷名词解释第 1 题)

2. 投资特许协议(中国人民大学 2006 年国际法学专业卷名词解释第 2 题)

二、简答题

1. WTO 中的最惠国待遇原则和国民待遇原则。(北京大学 2006 年综合(B)卷第 10 题)

2. 国际许可合同的含义和种类。(北京大学 2006 年综合(B)卷第 10 题)

3. 世界贸易组织的法律地位,职能和管辖范围。(北京大学 2005 年民商法专业综合 B 卷第 7 题)

4. 空运托运单和海运提单的异同。(北京大学 2004 年民商法专业综合 B 卷第 10 题)

5. MIGA 公约有关适格投资性质的规定。(北京大学 2004 年民商法专业综合 B 卷第 11 题)

6. "免税法"作为消除重复征税措施的优点与缺点。(北京大学 2004 年民商法专业综合 B 卷第 12 题)

7. 信用证体系的一般原则。(中国人民大学 2006 年国际法学专业卷简答题第 3 题)

8. 双方投资协议的主要内容。(中国人民大学 2006 年国际法学专业卷简答题第 4 题)

三、案例分析题

1. 中国的 A 公司与美国的 B 公司签订一国际货物买卖合同,合同条件为 FOB,A 公司向 D 银行申请开立了不可撤销跟单信用证,B 公司将货物交给中国的 C 公司承运,并取得了不记名提单,并因此提交给 D 银行得到合同条款,后 A 公司接受货物后,发现有海水侵蚀痕迹,于是不准备付款。

试分析 A 公司与各当事人之间法律关系的性质,并分析他们可能适用的法律,并给 A 公司指明可以采取的正确方法。(北京大学 2005 年民商法专业综合 B 卷第 15 题)

2. 中国的某贸易公司在本国举办的国际产品展览会上订购了参展的 A 国某食品公司的 1000 箱水果罐头。合同约定的保质期不少于 18 个月,价格条件为 CIF (中国 S 港),交货时间为合同订立后 1 个月,检验时间为不迟于货物到达目的地港后 15 天。食品公司按时将货物发运。货物到港后,贸易公司并未对货物进行检验,便开始销售该批罐头。但在不到半年的时间里,已经售出的 150 箱罐头中有 20 项由于共同的原因(霉变)而导致食用者食物中毒,并造成一定人员伤亡。由于中国媒体对该信息的披露,致使已经购买该罐头的其余用户退货,并且尚未售出的 850 箱也积压在库房中。贸易公司随即委托有关机构对被退回及尚未售出的罐头进行抽查,结论是霉变率 83%。为此,贸易公司立即按照合同载明的地址用电子邮件将上述情况通知食品公司并宣告合同无效,并要求立即退还全部货物,赔偿损失,食品公司没有答复。2个月后,贸易公司将食品公司诉至法院。经查证,由于服务器遭受病毒攻击,导致食品公司没有收到贸易公司的通知。合同未约定所适用的法律。(北京大学2004年民商法专业综合B卷第13题)

问题:

(1)合同应当以什么法律为准据法?在什么情况下可以适用《联合国国际货物买卖合同公约》?

(2)根据《公约》,贸易公司是否有权宣告合同无效?其发出的通知是否有效?

(3)假设贸易公司有权宣告合同无效,那么根据《公约》,在下列情况下贸易公司是否丧失声称货物不符的权利和宣告合同无效权利?

A. 贸易公司没有按照合同规定的时间检验货物

B. 由于部分罐头已经售出,退回的罐头的包装也已经破损,后来抽样检验罐头时,破坏了部分包装,从而无法按照实际收到的货物原状归还货物

(4)依据《公约》,贸易公司是否能以食品公司提供的货物与合同不符追究其对食物中毒事故伤亡的人身伤害责任?